# Inhalt

Timo Füermann
Carsten Dammasch

# Prozessmanagement

Anleitung zur Steigerung
der Wertschöpfung

**2. Auflage**

**HANSER**

# 1 Einleitung

Qualität ist im heutigen Wettbewerb der entscheidende Faktor bei allen Bemühungen um die Gunst der Kunden. Qualität bedeutet dabei nicht „möglichst viel" oder „möglichst teuer", sondern schlicht, die Anforderungen der Kunden zu erfüllen. Aus der Einsicht, dass diese Qualität von Produkten und Dienstleistungen nicht unabhängig vom dazugehörigen Prozess erzeugt werden kann, ergibt sich die neue prozessorientierte Sichtweise des Betriebsgeschehens.

Erst wenn die Prozesse über alle betroffenen Abteilungen hinweg fehlerfrei und unter beherrschten Bedingungen ablaufen, kann Qualität gewährleistet werden. Im umfassenden Sinne des Total Quality Managements ist hier nicht nur die Produktqualität als Ergebnis eines Fertigungsprozesses zu verstehen, sondern Qualität zieht sich durch alle Ebenen der Organisation und spiegelt sich in allen Tätigkeiten und Prozessen im Unternehmen wider.

So nimmt das Thema Prozesse auch eine zentrale Rolle in dem TQM-Modell der European Foundation for Quality Management (EFQM) ein. Die EFQM ist eine Stiftung namhafter europäischer Unternehmen und zeichnet jährlich Spitzenunternehmen auf dem Gebiet des TQM mit dem European Quality Award aus. Basis für diese Auszeichnung ist das aus neun Kriterien bestehende TQM-Modell, das im folgenden Bild dargestellt ist.

So kann heute das Management der Prozesse als ein entscheidender Erfolgsfaktor der Unternehmensführung angesehen werden. Insbesondere in einer Zeit, in der sich die Unternehmen durch immer komplexere Strukturen, Abläufe und Produkte auszeichnen und in der die Anforderungen der Kunden immer weiter steigen.

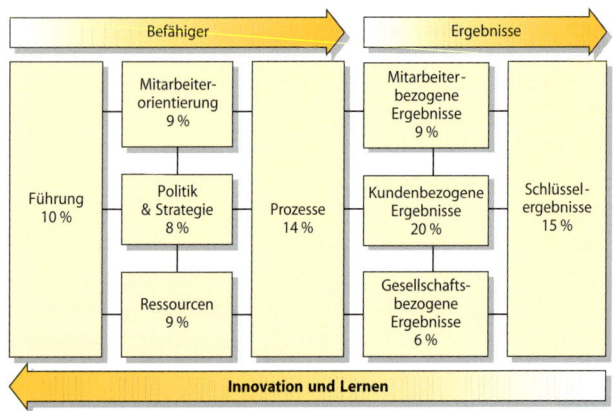

**Bild 1:** *TQM-Modell der EFQM*

*(Quelle: EFQM [Hrsg.], Selbstbewertung 2000).*

Prozessmanagement ist eine Vorgehensweise, die Übersicht schafft und der wachsenden Komplexität entgegenwirkt. Die Prozesse des Unternehmens werden identifiziert, beschrieben und konsequent an den Anforderungen der Kunden ausgerichtet. So kann die Wertschöpfung erhöht und die Kundenzufriedenheit gesteigert werden.

Dazu müssen zunächst die Anforderungen ermittelt und dann die Strukturen so verändert werden, dass eine Erfüllung jederzeit möglich ist.

Wenn dies geschehen ist, werden die Prozesse kontinuierlich weiter verbessert. In diesem Buch werden die Ein- und Durchführung des Prozessmanagements in 15 leicht nachvollziehbaren Schritten beschrieben. Jeder Schritt wird durch die Unterpunkte „Worum geht es?", „Was bringt es?" und „Wie gehe ich vor?" erklärt. In der zweiten Hälfte des Buches werden elf Regeln für die ständige Verbesserung vorgestellt, die es ermöglichen, Verbesserungspotenziale in Teamarbeit aufzufinden und auszunutzen.

Daneben gibt es praktische Tipps und Warnungen vor Hürden und Stolpersteinen. Folgende Symbole weisen den Leser darauf hin:

 Tipps

 Hürden und Stolpersteine

# 2 Grundlagen des Prozessmanagements

**WORUM GEHT ES?**

Kunden-, Mitarbeiter- und Prozessorientierung sind die grundlegenden Prinzipien der TQM-Philosophie. In diesem Buch wird ein besonderes Augenmerk auf die Prozessorientierung gerichtet. Sie stellt die Grundlage des Prozessmanagements dar und soll zur Denkhaltung des gesamten Unternehmens werden.

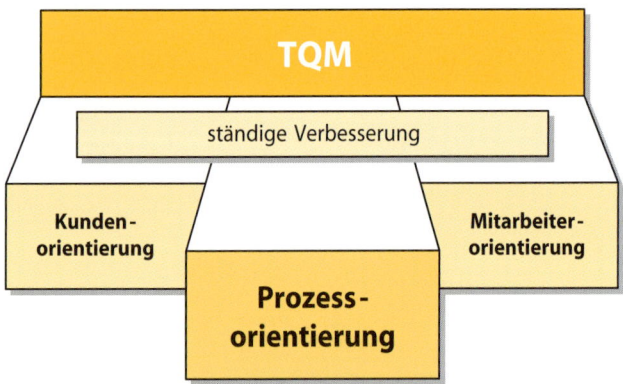

**Bild 2**: *Prinzipien des TQM*

Der Prozessbegriff wird heute weit gehend einheitlich verwendet und gemäß DIN EN ISO 9000: 2000 definiert.

## Prozessdefinition nach DIN EN ISO 9000: 2000

Satz von in Wechselbeziehung oder Wechselwirkung stehenden Tätigkeiten, der Eingaben in Ergebnisse umwandelt.

Entsprechend dieser Definition kann der gesamte Betrieb als ein einziger Prozess angesehen werden, in dem Roh-, Hilfs- und Betriebsstoffe eingesetzt und nach bestimmten Regeln zu Produkten umgewandelt werden.

Bei genauerem Hinsehen erscheint diese Einteilung allerdings als etwas zu grob. Wird das Betriebsgeschehen einer eingehenden Analyse unterzogen, so werden verschiedene Prozesse sichtbar, die sich voneinander abgrenzen lassen. Solche Prozesse sind beispielsweise der Qualitätsplanungsprozess, der Produktentwicklungsprozess oder der Auftragsabwicklungsprozess.

Die beispielhaft aufgelisteten Prozesse beinhalten abteilungsübergreifende Aufgaben, die in einem Industrieunternehmen anfallen. Entsprechend der Komplexität dieser Aufgaben werden diese Prozesse **Hauptprozesse** genannt und lassen sich weiter in verschiedene **Teilprozesse** zerlegen, wie es für den Beschaffungsprozess im folgenden Bild dargestellt ist. Die Teilprozesse wiederum lassen sich in einzelne **Tätigkeiten** gliedern.

Sämtliche dieser für gewöhnlich fünf bis zwanzig Haupt- und teilweise über hundert Teilprozesse in einem Unternehmen stehen durch den Austausch von Materialien und Informationen untereinander in Verbindung. Das heißt beispielsweise, dass die erstellten Leistungen des Fertigungsprozesses in den daran anschließenden innerbetrieblichen Transportprozess eingebracht werden. Von der Fertigung fließen Informationen in Form von Formularen oder per EDV online zu anderen betrieblichen Teilbereichen.

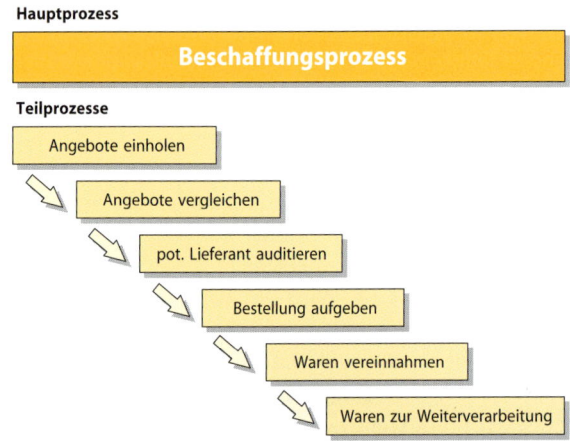

**Bild 3:** *Teilprozesse*

In der Kostenrechnung werden die Lohnzettel gesammelt, um die entstandenen Kosten den jeweiligen Produkten zuzuordnen. In diesen einfachen Beispielen stehen die Prozesse eines Unternehmens durch Informations- und Materialfluss untereinander in Verbindung. Dieser Austausch findet sowohl innerhalb der Prozesse als auch über die Unternehmensgrenzen hinaus statt.

Im Rahmen des Prozessmanagements wird in diesem Zusammenhang von **internen** bzw. **externen Kunden- und Lieferantenbeziehungen** gesprochen. In der modellhaften Darstellung der Kunden- und Lieferantenbeziehungen gibt es zu jedem Prozess mindestens einen Lieferanten und einen Kunden sowie eine messbare Eingabe und ein Ergebnis.

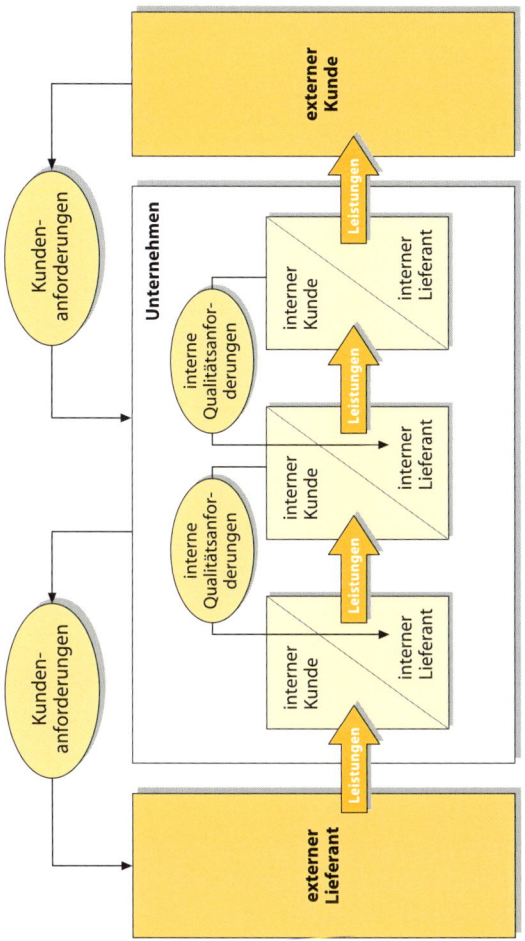

**Bild 4:** *Prozessmodell*

*(Siehe auch Pocket Power „Total Quality Management")*

Jedem Prozess kommen also drei verschiedene Rollen zu. Erstens ist der betrachtete Prozess **Kunde** von Materialien und Informationen eines vorausgehenden Prozesses. Er erhält also Leistungen, an die er gewisse Anforderungen stellt. Zweitens ist der Prozess **Verarbeiter** der erhaltenen Leistungen. An dieser Stelle findet auf der Grundlage der empfangenen Leistungen die Wertschöpfung statt. Und drittens übernimmt der Prozess die Rolle eines **Lieferanten**. Er gibt gemäß den Anforderungen des nachfolgenden Prozesses die erstellten Ergebnisse an eben diesen Prozess weiter.

Als messbare **Eingaben** werden Informationen und Materialien in den Prozess gegeben, die dann eine Kette von Tätigkeiten innerhalb des Prozesses auslösen.

## Beispiele für Eingaben in den Prozess

- Zeichnungen
- Rohstoffe
- Formulare
- Telefonanrufe
- Rechnergebundene Daten
- Halbzeuge

In gleicher Weise werden Informationen oder Materialien, die aus dem Prozess herausgegeben werden, als **Ergebnis** bezeichnet.

Kunden und Lieferanten sind somit organisatorische Einheiten, die Leistungen empfangen und weiterreichen. Dabei ist es unerheblich, ob sich der Kunde bzw. Lieferant in Form eines weiteren Prozesses, eines anderen Unternehmens oder einer Einzelperson innerhalb oder außerhalb des betrachteten Unternehmens befindet. Die Prozesse, die besonders be-

deutend für die Kundenzufriedenheit und somit für den
Unternehmenserfolg sind, werden **Schlüsselprozesse** genannt.

Jedoch sind nicht alle Prozesse eines Unternehmens gleich
aufgebaut. Deshalb wird nun beschrieben, welche verschiedenen Arten von Prozessen es in einem Unternehmen gibt.

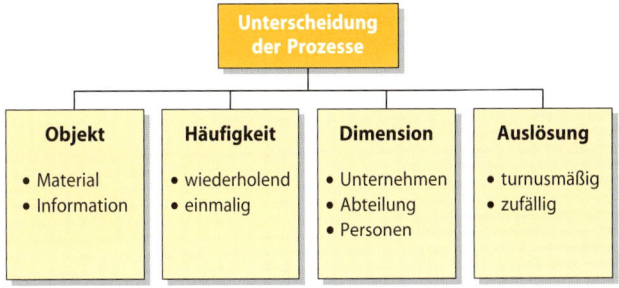

**Bild 5:** *Arten von Prozessen*

Prozesse können beispielsweise danach unterschieden
werden, ob Materialien oder Informationen weitergegeben
und bearbeitet werden.

So werden beispielsweise bei Marktforschungs- oder Auf-
tragsabwicklungsprozessen vorwiegend Informationen verarbeitet, wohingegen bei Fertigungsprozessen Materialien
bearbeitet werden.

In der Regel findet sich jedoch bei den meisten Prozessen
eine Kombination aus beiden genannten **Objekten.**

So ist zum Beispiel der Prozess des innerbetrieblichen
Transportes vordergründig auf die Bewegung von Material
ausgerichtet, wird jedoch von Formularen und somit auch
Informationen begleitet. Des Weiteren werden Prozesse nach
der Häufigkeit ihrer Anwendung eingeteilt. Prozesse, wie bei-

spielsweise die Gehaltsabrechnung oder der Forderungseinzug, zeichnen sich dadurch aus, dass sie sehr häufig ablaufen.

Zumeist sind solche Prozesse durch Verfahrensanweisungen standardisiert, so dass bei gleicher Ausgangssituation ein gleichartiges Ergebnis erwartet werden kann. Im Gegensatz dazu läuft beispielsweise der Entwicklungsprozess für ein bestimmtes Produkt nur einmal ab. In diesem Fall können Verfahrensanweisungen nur einen groben Rahmen bezüglich der zu durchlaufenden Entwicklungsstufen vorgeben. Details müssen für jeden Einzelfall separat festgelegt werden, wodurch dem Mitarbeiter viele Entscheidungsfreiräume bleiben und er die auftretenden Probleme durch kreatives Verhalten lösen kann.

Auch der Umfang der Prozesse kann sich stark unterscheiden. So können Prozesse danach unterschieden werden, ob sie **unternehmens-, abteilungs- oder personenübergreifend** sind. Erstgenannte erstrecken sich über mindestens zwei Unternehmen, wie das zum Beispiel bei der Just-in-Time-Materialanlieferung vom Lieferanten direkt an die Produktionsstätten des Kunden passiert.

Von abteilungsübergreifenden Prozessen wird gesprochen, wenn mehrere Abteilungen innerhalb eines Unternehmens von einem Prozess betroffen sind.

Als Beispiel sei der Auftragsabwicklungsprozess genannt, der sowohl die Vertriebsabteilung und Produktion als auch das Controlling und die Finanzabteilung betrifft.

Personenübergreifende Prozesse laufen innerhalb einer Abteilung zwischen verschiedenen Personen ab, wie dies zum Beispiel bei dem Prozess des Forderungseinzuges in der Finanzabteilung oder dem Materialannahmeprozess im Wareneingang zu beobachten ist.

Der Grund der Auslösung ist als weiteres Unterscheidungskriterium zu nennen. Zum Beispiel zeichnet sich der Prozess der Budgeterstellung durch eine turnusmäßige, jährliche Durchführung aus, wohingegen der Ersatzteillieferungsprozess eher zufällig, abhängig von anderen Einflüssen ausgelöst wird.

## WAS BRINGT ES?

Bei der Einführung des Prozessmanagements werden die Prozesse systematisch auf den Kunden ausgerichtet.

### Motorola

führte 1987 das Six Sigma genannte Programm zum Prozessmanagement ein. Bis zum Jahr 2000 hat Motorola über 14 Milliarden US-$ an Kosten reduziert und gleichzeitig die Produktivität um 12 % verbessert. Das Six Sigma-Programm ist heute Vorbild für viele andere Unternehmen.

Durch das Ermitteln der Kundenanforderungen und das interne Weitergeben dieser Anforderungen von Teilprozess zu Teilprozess werden die Strukturen des gesamten Unternehmens analysiert und übersichtlich dargestellt. Es zeigt sich, welche Teilprozesse verbessert und welche ganz entfallen können.

### Die Joh. Vaillant GmbH & Co

konnte durch ihren „Excellence-Prozess" die Innovationszeit um mehr als die Hälfte reduzieren, die Reklamationsrate bereits dreimal halbieren und die Erreichbarkeit im Vertrieb auf 96 % steigern. Vaillant gewann 1999 den Ludwig Erhard Preis für Qualitätsmanagement.

Darüber hinaus werden die Verantwortlichkeiten für die einzelnen Prozesse geklärt, was hilft, Streitigkeiten und Doppelarbeit zu vermeiden. Der so genannte Prozessbesitzer ist dann nicht nur für den einwandfreien Ablauf des Prozesses verantwortlich, sondern auch für die ständige Verbesserung. Ziel des Prozessmanagements ist es nicht nur, die Wertschöpfung zu verbessern – die Denkhaltung sämtlicher Mitarbeiter von der Unternehmensleitung bis hin zum Werker soll nachhaltig verändert werden.

Neben der Kommunikation wird besonders die Motivation der einzelnen Mitarbeiter gefördert, da sie an den Veränderungen aktiv teilhaben.

### Honeywell

konnte durch sein prozessorientiertes Verbesserungsprogramm seit 1995 seinen Gewinn von 13 % auf 17 % des Umsatzes steigern. Im Jahr 2000 wurde eine Einsparung von 700 000 US-$ erreicht und die Produktivität wurde in den letzten Jahren um durchschnittlich 7 % gesteigert.

### WIE GEHE ICH VOR?

Die Einführung des Prozessmanagements geschieht in vier Phasen, wie es im folgenden Bild dargestellt ist. Als Erstes werden die organisatorischen Voraussetzungen zur Einführung des Prozessmanagements geschaffen. Danach sind die Prozesse in der zweiten Phase voneinander abzugrenzen und zu beschreiben. In der dritten Phase findet eine Strukturierung der Prozesse in der Art statt, dass die Anforderungen jederzeit erfüllt werden können.

Dabei wird auch darauf geachtet, dass im Prozess vorhandene Verschwendungen eliminiert werden. An diese Grundlagen knüpft in der vierten Phase die ständige Verbesserung an.

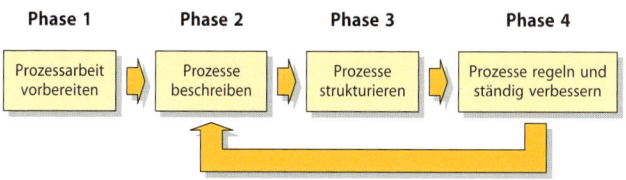

**Bild 6:** *Phasen des Prozessmanagements*

*(Siehe auch Pocket Power „European Quality Award")*

Bevor es aber losgehen kann, muss gewährleistet sein, dass die Geschäftsleitung bei den Vorhaben im Rahmen des Projektes aktiv mitarbeitet. Ohne die zugesicherte Mithilfe des Führungskreises lässt sich ein bevorstehender Wandel der Unternehmensorganisation und Prozessabläufe nicht durchsetzen. Gerade bei der Zusammenlegung oder sogar Auflösung von Abteilungen oder ganzen Bereichen können Widerstände auf Seiten der Mitarbeiter entstehen.

Dadurch, dass sich die Geschäftsleitung an die Spitze des Vorhabens stellt und sichtbar mitwirkt, und durch die Einbeziehung aller Personen über alle Hierarchiestufen hinweg können diese Widerstände zum Teil bereits im Vorfeld abgebaut werden. Sollten Mitarbeiter wegen der Umstrukturierung ihren Arbeitsplatz verlieren, muss ihnen an anderer Stelle im Unternehmen eine Perspektive gegeben werden.

Das gesamte Konzept wird vorab der Belegschaft vorgestellt. Alle Entscheidungsträger im Unternehmen werden durch einen einmaligen Vortrag über das Vorhaben vorbereitet. Die direkt mit der Umsetzung beauftragten Personen werden in einem speziellen Seminar vorbereitet, als dessen Grundlage dieser Pocket Power-Band dienen kann.

## Prozessarbeit vorbereiten

Schritt 1: Steuerkreis einberufen
Schritt 2: Schlüsselprozesse festlegen
Schritt 3: Prozessbesitzer ernennen
Schritt 4: Prozessteams bilden

## Prozesse beschreiben

Schritt 5: Kunden identifizieren
Schritt 6: Flussdiagramme erstellen
Schritt 7: Lieferanten identifizieren

## Prozesse strukturieren

Schritt 8: Prozessergebnisse überprüfen
Schritt 9: Wertschöpfung steigern
Schritt 10: Nahtstellen optimieren

## Prozesse lenken und ständig verbessern

Schritt 11: Kennzahlen festlegen
Schritt 12: Verbesserungsregeln anwenden
Schritt 13: Problemursachen analysieren
Schritt 14: Aktionsplan erarbeiten
Schritt 15: Prozesse analysieren

**Bild 7:** *Ein- und Durchführung des Prozessmanagements*

Die Geschäftsleitung soll das Konzept in einem größeren Kreis persönlich vorstellen. Dadurch wird allen Mitarbeitern von Beginn an klar, dass es sich um wichtige Veränderungen handelt.

Im Folgenden sind die 15 Schritte zur Ein- und Durchführung des Prozessmanagements aufgelistet.

# 3    Prozessarbeit vorbereiten

In dieser Phase werden die organisatorischen Voraussetzungen für die Einführung des Prozessmanagements geschaffen. Beim Prozessmanagement handelt es sich nicht um ein Projekt, sondern um eine dauerhaft angelegte Organisationsform, die auf einer Teamstruktur beruht und mit wenigen Hierarchiestufen auskommt.

Alle Arbeitsgruppen bleiben auch nach der Einführung bestehen. Die Aufgabeninhalte bekommen lediglich einen anderen Schwerpunkt.

 Vermeiden Sie eine aufgeblähte Organisation. In den meisten Unternehmen existieren bereits Gremien und Einzelpersonen, die mit ähnlichen Aufgaben betraut sind. Schaffen Sie keine neuen Gremien, sondern erweitern Sie das Aufgabenfeld der bestehenden.

## 3.1    Schritt 1: Steuerkreis einberufen

**WORUM GEHT ES?**

Als Erstes wird ein Steuerkreis für das gesamte Unternehmen ins Leben gerufen. Dieser ist das Gremium, an dem die Unternehmensleitung persönlich beteiligt ist und das die gesamten Aktivitäten des Prozessmanagements beobachtet. Der Steuerkreis übernimmt die Unterstützung der Umsetzungsträger. Nachfolgend sind die einzelnen Aufgaben aufgeführt.

## Aufgaben des Steuerkreises

- Ressourcen bereitstellen
- Ziele vereinbaren und verfolgen
- Hindernisse beseitigen
- Zwischen Prozessmanagern und Abteilungsleitern schlichten

Dem Steuerkreis kommt durch die Beobachtung und Abstimmung aller Verbesserungsaktivitäten eine zentrale Aufgabe zu. Er übernimmt die Funktion eines Entscheiders bei Problemen, die nicht auf einer unteren Hierarchiestufe gelöst werden können. Insbesondere bei Streitigkeiten zwischen Prozess- und Abteilungsmanagern ist der Steuerkreis die Schiedsstelle.

Eine weitere wichtige Aufgabe des Steuerkreises besteht darin, sämtliche Mitarbeiter zur Beteiligung am Prozessmanagement zu motivieren. Zur Förderung der Motivation werden Anerkennungen für erfolgreiche Arbeiten der Mitarbeiter ausgesprochen.

### WAS BRINGT ES?

Ein Steuerkreis sorgt dafür, dass das Prozessmanagement zügig eingeführt wird und dass die ständige Prozessverbesserung nicht wieder zum Erliegen kommt. Es hat sich gezeigt, dass der Erfolg des Prozessmanagements davon abhängt, in welchem Umfang sich die Geschäftsleitung dafür einsetzt. Sie gewährleistet, dass die übergeordneten Unternehmensziele nicht außer Acht gelassen werden und dass sämtliche Mitarbeiter in allen Hierarchieebenen beteiligt werden.

**WIE GEHE ICH VOR?**

Die Mitglieder des Steuerkreises kommen in regelmäßigen Abständen zusammen, um sämtliche Belange des Prozessmanagements und die weitere Vorgehensweise zu besprechen. Um den Steuerkreis zu entlasten, kann ein Koordinator ernannt werden, der die gemeinsamen Sitzungen vorbereitet und operative Aufgaben übernimmt. Größere Unternehmen sollten mehrere Koordinatoren ernennen, die gemeinsam einen Stab bilden. Durch die Beteiligung der verschiedenen Interessenvertreter wird von vornherein eine vertrauliche Basis für die kommenden Maßnahmen geschaffen.

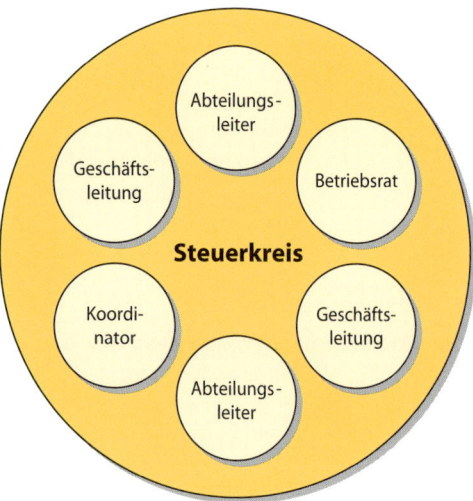

**Bild 8:** *Steuerkreis*

Darüber hinaus werden bereits in der Anfangsphase des Prozessmanagements Widerstände bei den Mitarbeitern abgebaut. Da es beim Prozessmanagement auch um personelle Belange geht, kann ein Vertreter des Betriebsrates beteiligt werden.

## 3.2 Schritt 2: Schlüsselprozesse festlegen

### WORUM GEHT ES?

Bei Schlüsselprozessen handelt es sich um die wenigen Prozesse, die für die Kundenzufriedenheit und somit für den Erfolg des Unternehmens besonders wichtig sind. Bevor aber die Schlüsselprozesse ausgewählt werden können, wird ein Prozessgliederungsplan erstellt. Dieser Plan ist eine Auflistung sämtlicher Prozesse des Unternehmens. Aus der Vielzahl dieser Prozesse werden dann die wenigen erfolgsbestimmenden ausgewählt.

### WAS BRINGT ES?

Mit Hilfe des Prozessgliederungsplanes können sich alle Mitglieder des Steuerkreises ein prozessorientiertes Bild von ihrem Unternehmen machen. Der Gliederungsplan wird somit zu einer wichtigen Planungsgrundlage für die weiteren Schritte.

Die Kenntnis der Schlüsselprozesse ist unverzichtbar für die Strategieentwicklung des Unternehmens und für die Ausrichtung der Prozesse am externen Kunden. Durch Verbesserung der wenigen Schlüsselprozesse lassen sich demnach die größten Effekte erzielen. Aus diesem Grund wird mit den Schlüsselprozessen bei der Einführung des Prozessmanagements begonnen.

## WIE GEHE ICH VOR?

Zunächst müssen sämtliche Prozesse im Unternehmen identifiziert werden. Dabei ist es sehr hilfreich, die verschiedenen Arten von internen und externen Aufträgen zusammenzustellen, die im Unternehmen existieren. Häufig wird ein Prozess durch solche Aufträge ausgelöst. Aufträge von externen Kunden können zum Beispiel den Auftragsabwicklungsprozess oder einen Kundendienstprozess auslösen.

Interne Aufträge können zum Beispiel einen Produktionsprozess, einen Instandhaltungsprozess oder einen Materialbezugsprozess auslösen. Eine weitere Möglichkeit besteht darin, im Unternehmen benutzte Unterlagen, wie zum Beispiel Verfahrensanweisungen, Checklisten, Organisationspläne und Führungsanweisungen, zu untersuchen. Hinter den meisten dieser Dokumente verbirgt sich ebenfalls ein Prozess.

Die folgende Liste zeigt Beispiele für Hauptprozesse, wie sie in den meisten Unternehmen zu finden sind. Sie soll dabei helfen, alle Prozesse aufzuspüren.

### Beispiele für Hauptprozesse

- Marktdatengewinnungsprozess
- Zielplanungsprozess
- Personalentwicklungsprozess
- Qualitätsplanungsprozess
- Budgetierungsprozess
- Finanzplanungsprozess
- Liquiditätssicherungsprozess
- Produktentwicklungsprozess
- Produktpflegeprozess
- Beschaffungsprozess

- Materialbereitstellungsprozess
- Produktionsplanungsprozess
- Logistikprozess
- Produktionsprozess
- Wartungs- und Instandhaltungsprozess
- Auftragsabwicklungsprozess
- Absatzprozess
- Beschwerdeabwicklungsprozess

Wählen Sie bei der Benennung der identifizierten Prozesse einen Namen, der sich möglichst von bereits existierenden Abteilungsnamen unterscheidet. Dies kann erreicht werden, indem an den Namen der Zusatz „Prozess" angehängt wird. Dadurch lassen sich Abteilungen und Prozesse unterscheiden, und die Mitarbeiter gewöhnen sich an die prozessorientierte Sichtweise.

Nachdem sämtliche Prozesse im Unternehmen identifiziert und benannt wurden, werden diese kurz beschrieben. Außerdem wird verzeichnet, welche Teilprozesse zu dem jeweiligen Hauptprozess gehören. Für die Visualisierung bieten sich verschiedene Darstellungsmethoden an. Als Hilfestellung werden im Folgenden ein tabellarischer und ein bildhafter Gliederungsplan vorgestellt.

 Arbeiten Sie verschiedene Vorschläge für die Darstellungsform des Gliederungsplans aus. Der Steuerkreis kann dann eine Form auswählen, ohne sich zu sehr mit den Details beschäftigen zu müssen.

| Prozessgliederungsplan | XY-AG | |
|---|---|---|
| **Prozess** | **Teilprozesse** | **Bemerkungen** |
| Entwicklung | • Produktbeschreibung<br>• Konstruktions-FMEA<br>• Montagekonzept<br>• Handmuster fertigen<br>• Prüfplan erstellen<br>• Konzeptwettbewerb für Lieferanten<br>• … | Vorgehensweise mit anderen Werken vergleichen |
| Beschaffung | • Angebote einholen<br>• Angebote vergleichen<br>• pot. Lieferanten auditieren und auswählen<br>• Bestellung aufgeben<br>• … | für wiederholte Beschaffung nur die letzten drei Schritte |
| Finanzplanung | • … | … |
| Produktions-planung | • … | … |
| Auftragsab-wicklung | • … | … |
| … | • … | … |

**Bild 9:** *Prozessgliederungsplan in Tabellenform*

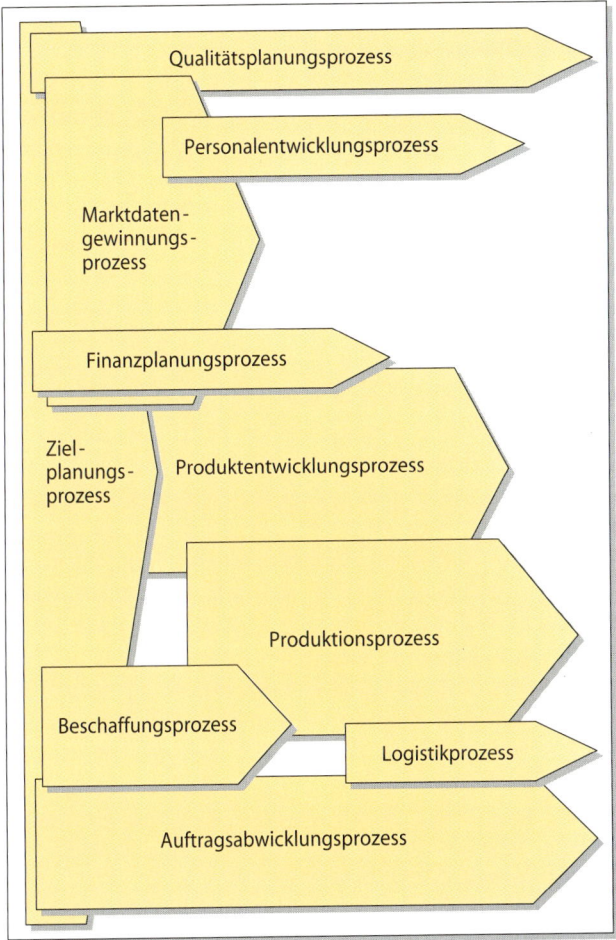

**Bild 10:** *Prozessgliederungsplan in grafischer Form*

Je nach Bedarf können in den Tabellen oder Übersichten weitere Informationen eingetragen werden, beispielsweise eine kurze Beschreibung des Prozesses mit den wesentlichen Aufgaben und Zielen. Es können aber auch die Namen der beteiligten Mitarbeiter eingetragen oder gefundene Verbesserungsmöglichkeiten aufgelistet werden.

Ist der Prozessgliederungsplan erstellt, können die Schlüsselprozesse in einem Workshop des Steuerkreises ausgewählt werden. Dazu sind die gefundenen Hauptprozesse übersichtlich an einer Pinnwand oder einem Flip-Chart aufzulisten.

Jeder Teilnehmer erhält nun halb so viele Klebepunkte, wie Prozesse zur Auswahl stehen. Mit diesen Punkten werden die einzelnen Prozesse nach dem Kriterium „Nutzen für den Kunden" bewertet. Im Sinne einer langfristigen Ertragssicherung ist jedoch nicht allein der heutige, sondern auch der zukünftige Kundennutzen entscheidend. Aus diesem Grund sind Prozesse wie die Produktentwicklung oder Mitarbeiterentwicklung zumeist bei den Schlüsselprozessen wiederzufinden. Es können mehrere Wertungspunkte für einen Prozess abgegeben werden.

Mit Hilfe dieser Methode entsteht eine Gruppeneinschätzung, aus der die Prozesse in eine Rangordnung gebracht werden können. Die Prozesse mit den meisten Punkten sind die Schlüsselprozesse.

Als Nächstes wird das Verbesserungspotenzial der Prozesse abgeschätzt. Die Bewertung erfolgt in gleicher Weise wie bei der Auswahl der Schlüsselprozesse.

Begonnen wird bei den Prozessen, die das größte Potenzial aufweisen und gleichzeitig als Schlüsselprozess eingestuft wurden. In dem Beispiel ist dies der Personalentwicklungsprozess.

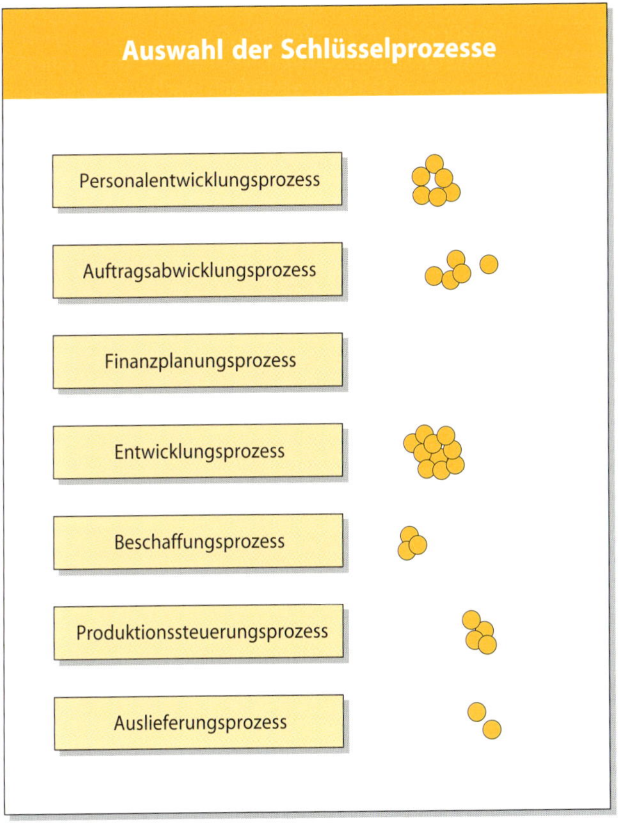

## Auswahl der Schlüsselprozesse

Personalentwicklungsprozess

Auftragsabwicklungsprozess

Finanzplanungsprozess

Entwicklungsprozess

Beschaffungsprozess

Produktionssteuerungsprozess

Auslieferungsprozess

**Bild 11:** *Festlegen der Schlüsselprozesse*

 Wenden Sie das Bewertungsverfahren erneut an, um für die Schlüsselprozesse die wichtigsten Teilprozesse zu bestimmen.

Sie können vor der breit angelegten Einführung ein Pilotprojekt durchführen. Wählen Sie dazu einen Prozess aus, bei dem es einfach erscheint, eine Verbesserung durchzuführen. Dadurch lässt sich die Vorgehensweise am besten einüben, und der Erfolg dieses Pilotprojektes hilft Ihnen bei den anderen Prozessen.

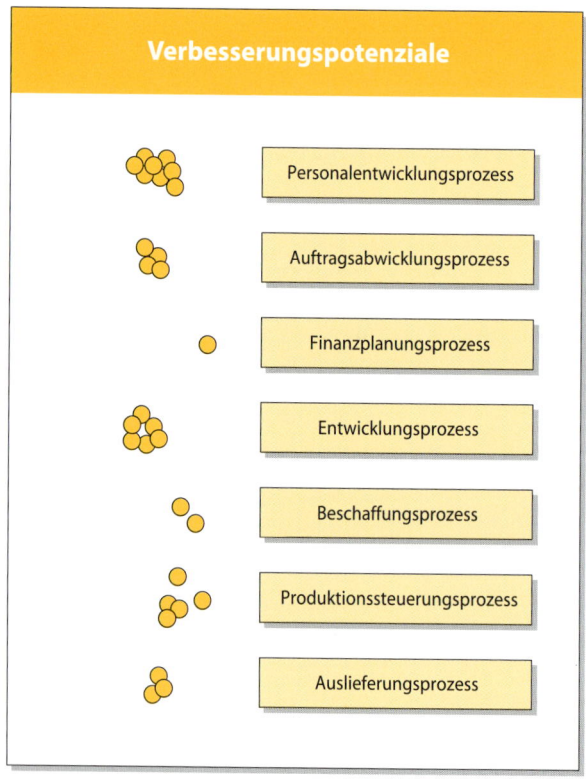

**Bild 12:** *Bestimmen des Verbesserungspotenzials*

## 3.3   Schritt 3: Prozessbesitzer ernennen

**WORUM GEHT ES?**

Bevor mit der Verbesserung begonnen werden kann, müssen die Zuständigkeiten und Verantwortlichkeiten für die Prozesse klar bestimmt werden. Dem obersten Grundsatz des Prozessmanagements folgend, dass für jeden Prozess eine Person verantwortlich sein muss, gilt es, einen Prozessbesitzer zu bestimmen.

Der Prozessbesitzer hat eine Vielzahl von Aufgaben, die über die bloße Koordination des Ablaufes hinausgehen. Er ist für die Qualität und die ständige Verbesserung des gesamten Prozesses verantwortlich. Die Aufgaben des Prozessbesitzers sind im Folgenden aufgelistet.

### Aufgaben des Prozessbesitzers

- Prozessteam einberufen
- Prozessteam coachen und koordinieren
- Befähigung der Mitarbeiter fördern
- Hindernisse aus dem Weg räumen
- Anforderungen der Kunden ermitteln

Der Prozessbesitzer muss sich durch strategische Fähigkeiten auszeichnen, um bevorstehende Veränderungen des Umfeldes zu erkennen und geeignete Maßnahmen einzuleiten. Außerdem muss er kommunikative Fähigkeiten und genügend Sozialkompetenz besitzen, um mit dem Prozessteam und anderen Abteilungsleitern Entscheidungen treffen zu können.

## WAS BRINGT ES?

Durch die Ernennung eines Prozessbesitzers wird die Verbesserung eines Prozesses über verschiedene Abteilungen hinweg gewährleistet. Somit ist die Optimierung des gesamten Prozesses möglich, und eine abteilungsweise Suboptimierung wird verhindert. Die ermittelten Kundenanforderungen können durch den ganzen Prozess weitergeleitet und erfüllt werden. Alle Personen innerhalb und auch außerhalb des Unternehmens haben nun einen einzigen Ansprechpartner für jeden Prozess.

## WIE GEHE ICH VOR?

Für Prozesse, die innerhalb einer Abteilung ablaufen, stellt die Auswahl eines Prozessbesitzers kein Problem dar. Der jeweilige Abteilungsleiter ist automatisch der Prozessbesitzer. Schwieriger ist es, einen Prozessbesitzer für Prozesse zu finden, die sich über mehrere Abteilungen erstrecken.

Beispiele hierfür sind der Produktentwicklungsprozess und Auftragsabwicklungsprozess. Es gilt, eine geeignete Person auszuwählen, die nach Charakter und Fähigkeit dazu geeignet ist, diese umfangreichen Aufgaben zu übernehmen. Der Aufgabe und dem Gewicht des Prozessbesitzers entsprechend kommt der Auswahl dieser Person eine besondere Bedeutung zu.

 Vermeiden Sie es – im Sinne einer schlanken und flexiblen Organisation –, neue Stellen zu schaffen. Der Prozessbesitzer sollte immer eine Person sein, die bereits im entsprechenden Prozess beschäftigt ist.

## Kriterien zur Auswahl des Prozessbesitzers

- Anteil am Gesamtprozess
- Sozialkompetenz
- Kenntnisse über den Prozess

Bei abteilungsübergreifenden Prozessen ist idealerweise eine Person als Prozessbesitzer auszuwählen, die als Leiter eines Teilprozesses bereits in großem Umfang am Gesamtprozess beteiligt ist und somit überdurchschnittlich von einem reibungslosen Ablauf profitiert. Dies ist beispielsweise gegeben, wenn der Teilprozess den größten Anteil der Mitarbeiter beschäftigt oder wenn er den größten Anteil an der Durchlaufzeit des Gesamtprozesses stellt.

Ferner muss sich die auszuwählende Person durch überdurchschnittliche kommunikative Fähigkeiten und Sozialkompetenz auszeichnen, denn sie muss die Mitarbeiter aus unterschiedlichen Abteilungen und Hierarchieebenen zusammenführen und anleiten können.

Das letzte Auswahlkriterium ist die Kenntnis über den Prozess. Der zukünftige Prozessbesitzer muss über umfangreiche Kenntnisse des Gesamtprozesses verfügen, die in der Vergangenheit durch eine Mitarbeit in mehreren Teilprozessen über einen möglichst langen Zeitraum erlangt werden konnten.

 Mitglieder der Geschäfts- oder Betriebsleitung sollten die Rolle des Prozessbesitzers der Schlüsselprozesse übernehmen. Dadurch wird die besondere Bedeutung des Prozessmanagements unterstrichen.

## 3.4 Schritt 4: Prozessteams bilden

**WORUM GEHT ES?**

Nachdem für jeden Prozess ein Prozessbesitzer ernannt wurde, ist es dessen erste Aufgabe, Prozessteams einzuberufen. In diesen Teams wird die eigentliche Arbeit des Prozessmanagements erledigt. Die genauen Aufgaben sind im Folgenden aufgelistet.

### Aufgaben des Prozessteams

- Erfüllen der Kundenanforderungen sicherstellen
- Ständige Verbesserung des Prozesses
- Aktuelle Probleme besprechen und lösen
- Kennzahlen für den Prozess festlegen
- Trendkarten führen
- Prozessflussdiagramm erstellen
- Regeln zur Prozessdurchführung erlassen

**WAS BRINGT ES?**

Die Prozessteams bilden das Zentrum der ständigen Verbesserung für jeden Prozess. Da die Mitarbeiter des Prozesses die beste Prozesskenntnis und große Nähe zum Prozesskunden haben, sind sie am besten geeignet, um Verbesserungen zu planen und durchzuführen. Die Gruppenarbeit ermöglicht es, alle Potenziale zu nutzen, über welche die einzelnen Mitarbeiter verfügen. Die Möglichkeit, die eigenen Prozesse zu gestalten, wirkt sich positiv auf die Motivation und somit auf Qualität und Produktivität aus.

**WIE GEHE ICH VOR?**

Möglichst viele Mitarbeiter, die im jeweiligen Prozess tätig sind, sollen am Prozessmanagement beteiligt werden. Dazu gibt es verschiedene Möglichkeiten, Prozessteams zu bilden. Als Grundregel gilt aber, dass die Teilnahme freiwillig ist.

Sind in dem betrachteten Prozess so viele Mitarbeiter beschäftigt, dass eine effektive Gruppenarbeit in einem Prozessteam nicht mehr gewährleistet werden kann, kann es mehrere Teams geben, die sich zu verschiedenen Zeiten treffen. Der Prozessbesitzer koordiniert die Maßnahmen der einzelnen Teams.

Sind mehrere Abteilungen am Prozess beteiligt, so soll in jedem Team mindestens ein Mitarbeiter aus jeder Abteilung beteiligt sein. In diesem Fall muss jedes Mitglied mit Entscheidungsbefugnis ausgestattet sein, damit Beschlüsse sofort in allen Abteilungen umgesetzt werden können.

 Vermeiden Sie mehr als zehn Mitglieder in einem Prozessteam, da sonst kein effektives Arbeiten mehr möglich ist.

 Unterstützen Sie die Gruppe zu Beginn durch einen ausgebildeten Moderator. Später können die Gruppenmitglieder die Moderation im Wechsel selbst übernehmen.

 Bevor die Prozessteams mit der Arbeit beginnen, ist sicherzustellen, dass alle Beteiligten für das Arbeiten in Gruppen vorbereitet sind. Dazu müssen einige Moderationstechniken und Verfahren zur Problemanalyse bekannt sein.

Ferner sollten alle Teilnehmer mit den Verhaltens-regeln für Gruppenarbeiten vertraut sein (verglei-che auch Pocket Power „Moderationstechniken" und Pocket Power „Kreativitätstechniken").

Die Verbesserungsworkshops finden wöchentlich zu einer bestimmten Uhrzeit statt. Dadurch wird ein kontinuierliches Vorankommen gewährleistet. Maßnahmen, die auf einem Treffen geplant werden, können dann innerhalb der folgenden Woche umgesetzt werden. Auf den nächsten Treffen werden Schwierigkeiten bei der Umsetzung diskutiert. Alle Teammitglieder profitieren somit von den Erfahrungen der anderen.

Es kann aber auch zu der Situation kommen, dass wöchentliche Treffen nicht eingehalten werden können. Dies kann der Fall sein, wenn die Mitarbeiter eines Prozessteams örtlich getrennt voneinander arbeiten, im Außendienst tätig oder in unterschiedliche Arbeitszeitsysteme eingebunden sind.

Die Treffen finden dann in größeren Abständen statt. Es bietet sich beispielsweise an, sich etwa alle sechs Monate zu einem Treffen zu verabreden, wobei diese Workshops dann allerdings mindestens einen ganzen Tag oder besser eine ganze Woche andauern.

Zu den fünf bis zehn Mitgliedern des Prozessteams werden je nach Bedarf Spezialisten oder Gäste aus anderen Prozessen eingeladen.

# 4    Prozesse beschreiben

In der vorherigen Phase wurden die notwendigen organisatorischen Vorbereitungen für das Prozessmanagement getroffen. Mit Hilfe des Prozessgliederungsplanes konnte eine erste prozessorientierte Darstellung des Unternehmens erarbeitet werden. Dabei fand jedoch nur eine grobe Beschreibung der Prozesse statt.

In den nun folgenden Schritten wird eine detailliertere Beschreibung der Prozesse aus Sicht der internen und externen Kunden vorgenommen. Dazu werden alle Kunden des jeweiligen Prozesses identifiziert, ein Flussdiagramm wird angefertigt, und schließlich sind alle Lieferanten festzulegen.

Die so entstandenen Prozessbeschreibungen ersetzen nun die früher üblichen Stellenbeschreibungen und Organisationspläne. Dadurch wird die prozessorientierte Sichtweise des Unternehmens gefördert und für alle Mitarbeiter sichtbar gemacht.

Bereits während der Erstellung der Prozessbeschreibungen werden Verbesserungsmöglichkeiten sichtbar, da sich die Mitarbeiter intensiv mit dem Prozess auseinander setzen. Häufig können diese Verbesserungsmöglichkeiten mit geringen oder keinen Kosten sofort umgesetzt werden. Frühe Umsetzungserfolge haben eine motivierende Wirkung auf alle Beteiligten und können Zweifler innerhalb des Unternehmens von der Richtigkeit der Vorgehensweise überzeugen.

## 4.1 Schritt 5: Kunden identifizieren

### WORUM GEHT ES?

Um einen Prozess zu beschreiben, müssen die Kunden identifiziert und festgelegt werden. Jeder Prozess hat mindestens einen Kunden, der die Ergebnisse des Prozesses weiterverarbeitet. Es ist der Kunde allein, der die Maßstäbe für die Qualität der Prozessergebnisse setzt. Somit muss eine Verbesserung des Prozesses am Kunden ausgerichtet sein.

### WAS BRINGT ES?

Die Beschreibung des Prozesses beginnt beim Kunden und den Ergebnissen, die der Kunde verarbeitet. Dadurch wird die kundenorientierte Sichtweise des Prozesses gewährleistet und eine spätere Verbesserung des Kundennutzens ermöglicht. Es wird somit sichergestellt, dass die Anforderungen und Wünsche des Kunden berücksichtigt werden. Nur auf diesem Weg kann die Qualität des Prozesses gewährleistet werden. Darüber hinaus stellt die Beschreibung des Kunden/Lieferantenverhältnisses eine wichtige Grundlage für die weitere Arbeit im Rahmen des Prozessmanagements dar.

### WIE GEHE ICH VOR?

Als Erstes werden alle internen oder externen Kunden des Prozesses aufgelistet. Dies geschieht am einfachsten durch ein Brainstorming bei einem der Treffen des Prozessteams. Als Zweites werden alle Ergebnisse erfasst, die in dem Prozess erstellt werden. Anschließend werden die Ergebnisse den einzelnen Kunden zugeordnet. Dies hilft, die Vollständigkeit der Daten zu überprüfen. Sind Kunden aufgelistet, die keine Ergebnisse erhalten, oder existieren Ergebnisse, denen noch kein Kunde zugeordnet wurde, so ist dies ein Zeichen dafür, dass weitere Analysen durchgeführt werden müssen. Zur Erinnerung werden nochmals einige Beispiele für Prozessergebnisse aufgelistet.

### Beispiele für Prozessergebnisse

- Informationen
- Produkte
- Innerbetriebliche Dienstleistungen
- EDV-Serviceleistungen
- Ausgeführte Instandhaltungsaufgaben

Zumeist bietet die Erarbeitung dieser Informationen keine größeren Probleme, so dass sie innerhalb einer einzigen Gruppensitzung erfolgen kann.

Ein besonderes Augenmerk ist auf die Fälle zu richten, in denen ein Kunde noch weitere Kunden hat, an die das Prozessergebnis weitergereicht wird.

Ein Automobilzulieferer, der Scheinwerfer herstellt, hat zum einen die Automobilhersteller und zum anderen den Autokäufer als Kunden. Gleiches lässt sich auch bei internen Prozessen beobachten, wenn beispielsweise eine Statistik zur Information weitergereicht wird und ohne Bearbeitung an den übernächsten Prozess gelangt.

Auch solche Endkunden sollen in der Auflistung berücksichtigt werden. Häufig ist es dazu angebracht nachzuforschen, was mit den eigenen Ergebnissen im nächsten und in den folgenden Prozessen passiert.

## 4.2 Schritt 6: Flussdiagramme erstellen

### WORUM GEHT ES?

Auf der Grundlage der aufgelisteten Kunden und Ergebnisse des vorhergehenden Schrittes gilt es nun, den Ablauf des Prozesses in einer übersichtlichen Form darzustellen. Dazu wird ein Flussdiagramm erstellt, das den Prozessablauf und die Beziehungen untereinander durch festgelegte Symbole verdeutlicht.

### WAS BRINGT ES?

Durch die Verwendung von Flussdiagrammen wird das prozessorientierte Denken unterstützt. Durch die übersichtliche Darstellung wird es allen Beteiligten ermöglicht, den Prozess auf einen Blick zu erfassen. Die Mitglieder des Prozessteams sehen häufig zum ersten Mal den gesamten Prozess in voller Länge. Sie erkennen die Zusammenhänge zwischen den einzelnen Tätigkeiten und verstehen den Zweck des Prozesses.

Ein Flussdiagramm ist für die Einarbeitung neuer Mitarbeiter von nicht zu unterschätzendem Wert. Der Mitarbeiter kann schnell in den Ablauf und die Grundlagen des Prozesses eingearbeitet werden, was zu einer Flexibilisierung der gesamten Organisation führt. Weiterhin ist das Diagramm ein wichtiges Instrument für die ständige Verbesserung. Durch die Analyse und Darstellung werden Schwachstellen und Verbesserungsmöglichkeiten sichtbar gemacht, die sonst nur schwer zugänglich sind.

## WIE GEHE ICH VOR?

Die Erarbeitung des Flussdiagramms erfolgt in den jeweiligen Prozessteams. In der Regel werden mehrere Sitzungen benötigt, bis das Flussdiagramm vollständig ist und von allen akzeptiert wird. In den Sitzungen wird es zu intensiven Diskussionen kommen. Diese sind gewollt und können vom Moderator unterstützt werden. Die Mitarbeiter denken sich dadurch intensiv in den Prozess ein und lernen die Sichtweisen der anderen kennen.

 Vermeiden Sie es, das Flussdiagramm zu genau darzustellen. Dies hindert ein zügiges Vorankommen und führt zu einer unübersichtlichen Darstellung des Prozesses. Die Mitarbeiter haben zwar den Eindruck, Fortschritte zu machen, doch die genaue Darstellung führt nicht zu Verbesserungen.

Zu Beginn des Prozessmanagements reicht eine einfache Darstellung des Prozesses aus, um darauf aufbauend die ersten Maßnahmen planen zu können. Entsteht zu einem späteren Zeitpunkt der Bedarf nach detaillierteren Informationen, kann das Flussdiagramm jederzeit in mehreren Stufen immer weiter verfeinert werden. Damit ein einheitliches und leicht interpretierbares Diagramm entstehen kann, werden Symbole und Darstellungsregeln vereinbart.

Die Symbole haben die Funktion, bestimmte Sachverhalte oder Tätigkeiten bildhaft darzustellen. Es hat sich in der Praxis bewährt, zur Erstellung eines einheitlichen und übersichtlichen Flussdiagramms die Symbole der DIN 66 001 zu verwenden.

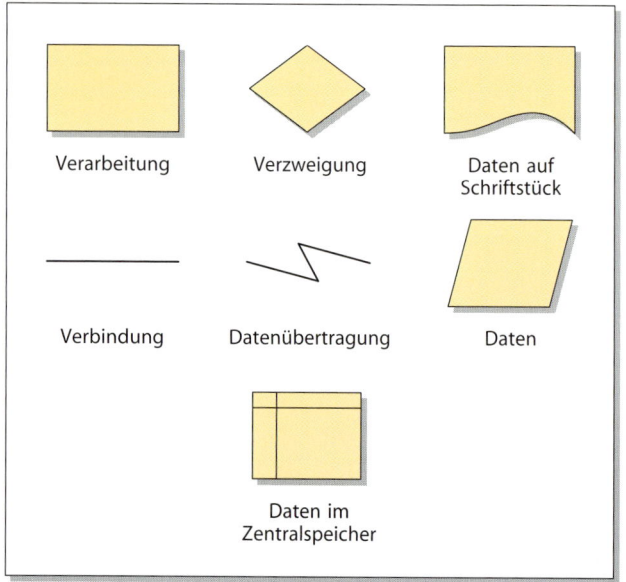

**Bild 13:** *Symbole nach DIN 66 001*

Nachfolgend ist als Beispiel ein Flussdiagramm für den Testprozess für Zulieferteile dargestellt. Die rechteckigen Kästen beinhalten einzelne Prozessschritte, und die Rauten stehen für eine Entscheidung, die mit „ja" oder „nein" beantwortet werden kann. Ein Montagewerk setzt Kaufteile für die Endmontage ein. Das Qualitätswesen entscheidet, ob Labortests im eigenen Haus notwendig sind, und entwickelt die Funktionstests, die direkt bei dem Lieferanten durchgeführt werden.

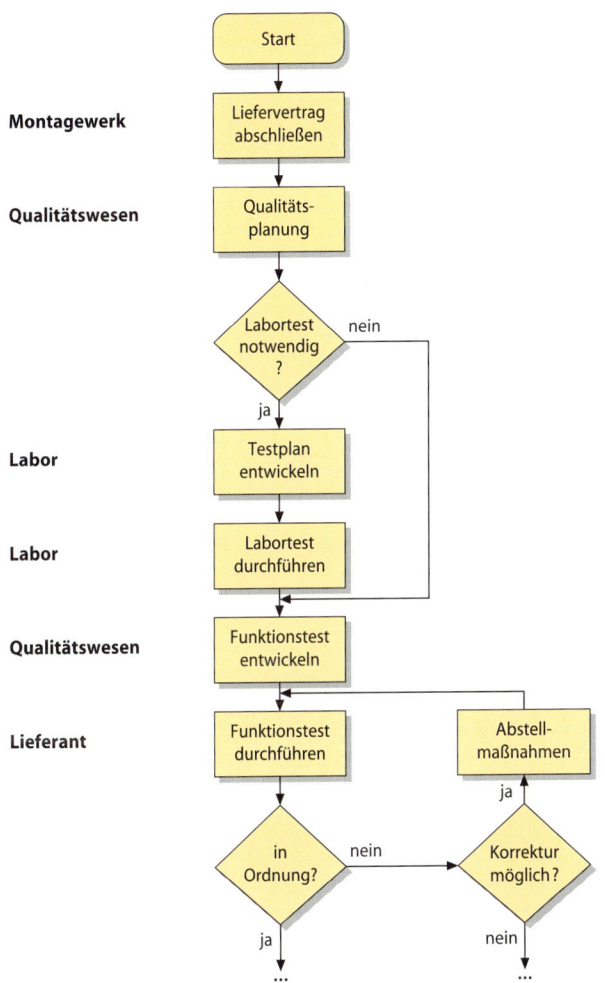

**Bild 14:** *Flussdiagramm des Testprozesses für Zulieferteile*

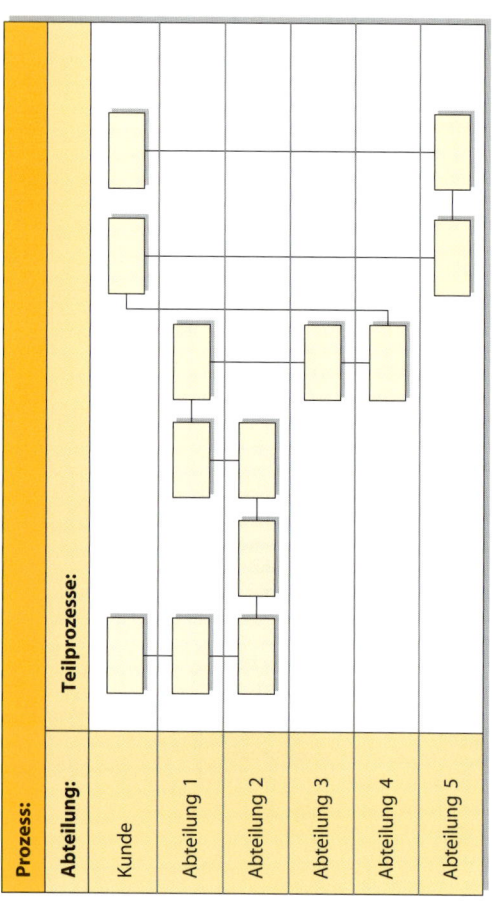

**Bild 15:** *Diagramm für abteilungsübergreifende Prozesse*

Lassen Sie am Rand des Diagramms etwas Platz frei, um die Aktivitäten, die durch die Symbole dargestellt werden, näher erläutern zu können oder um einen Vermerk über Zuständigkeiten anzubringen.

Achten Sie darauf, dass die Darstellung des Prozesses nicht durch zu viel Text überfrachtet wird. Der Prozessverlauf muss aus der Anordnung der Symbole ersichtlich sein.

Zur Visualisierung eines abteilungsübergreifenden Prozesses über seine gesamte Länge kann das Diagramm in Bild 15 verwendet werden. Mit dessen Hilfe wird deutlich die Bearbeitungsreihenfolge der einzelnen Teilprozesse angezeigt.

## 4.3 Schritt 7: Lieferanten identifizieren

### WORUM GEHT ES?

Ebenso wie zuvor die Kunden und die Ergebnisse des Prozesses erarbeitet und aufgelistet wurden, werden in diesem Schritt die Lieferanten und die Eingaben in den Prozess aufgelistet. Damit wird die vollständige Beschreibung des Prozesses abgeschlossen.

### WAS BRINGT ES?

Durch die Bestimmung der Lieferanten und deren Eingaben in den Prozess ist eine Grundlage für die Kommunikation zwischen Lieferanten und Kunden gegeben. Den Lieferanten wird mitgeteilt, was ihre Ergebnisse bewirken und wozu sie eingesetzt werden, da ihre Eingaben die Grundlage für die Leistungserstellung darstellen. Dies hat zur Folge, dass Missverständnisse ausgeräumt werden und der Weg für die ständige Verbesserung dieser Nahtstelle frei wird. Durch die Abstimmung mit dem Lieferanten kann die Qualität der empfangenen Eingaben gesichert werden. Dies ist besonders wichtig, da eine mangelhafte Eingabe verhindert, dass der Prozess insgesamt fehlerfrei abläuft.

### WIE GEHE ICH VOR?

Entsprechend dem 5. Schritt werden wieder mit Hilfe des Brainstormings sämtliche Lieferanten ermittelt. Daran anschließend werden die gefundenen Eingaben den einzelnen Lieferanten zugeordnet.

# 5 Prozesse strukturieren

In den folgenden Schritten wird der Prozess in der Art strukturiert, dass die Anforderungen an die Prozessergebnisse jederzeit erfüllt werden können. Diese Eigenschaft eines Prozesses wird als Prozessfähigkeit bezeichnet. Für Fertigungsprozesse lässt sich dies in einem Prozessfähigkeitsindex ausdrücken, der die zulässigen Toleranzen zur Streubreite der Prozessergebnisse ins Verhältnis setzt (vergleiche mit Pocket Power „Qualitätstechniken", Kapitel „Statistische Prozessregelung").

Die Strukturierung geht auf folgende Weise vor sich. Zunächst wird im Schritt 8 ermittelt, welche Ergebnisse überhaupt beim Prozesskunden benötigt werden. Gemeinsam mit dem Kunden wird entschieden, welche Ergebnisse entfallen und welche verändert werden können.

Um die Rentabilität des Betriebs zu sichern, hat jeder Prozess eine weitere Bedingung zu erfüllen. Er muss die gestellten Anforderungen auf möglichst wirtschaftliche Weise erreichen. Aus diesem Grund werden im Schritt 9 alle Tätigkeiten analysiert. Es findet eine Konzentration auf die Tätigkeiten statt, die aus der Sicht des Kunden den Nutzen steigern. Alle übrigen Tätigkeiten sollen auf ein Mindestmaß reduziert werden.

Im Schritt 10 werden die Anforderungen an die Eingaben in den Prozess ermittelt und Maßnahmen geplant, die sicherstellen sollen, dass diese Anforderungen erfüllt werden können.

Um die Prozessfähigkeit auf schnellem Weg zu erreichen, bietet es sich an, einen Workshop über mehrere Tage durchzuführen. Innerhalb dieses Workshops werden Verbesserungsmaßnahmen geplant und gleich umgesetzt. Bei der

Volkswagen AG werden sie unter der Bezeichnung KVP[2] durchgeführt. Bei der Robert Bosch GmbH werden unter der Bezeichnung CIP in ähnlicher Weise Seminare durchgeführt, an die sich dann längere Verbesserungsprojekte anschließen.

Im Folgenden wird ein Rahmenplan für einen fünfstufigen Verbesserungsworkshop vorgestellt. Für eine Stufe kann zum Beispiel eine Doppelstunde, ein halber oder ein ganzer Tag angesetzt werden. Der Inhalt des Rahmenplans umfasst die Schritte 8, 9 und 10 dieses Buches.

Zu Beginn findet eine Einführung statt, um alle Mitglieder auf die kommenden Stunden oder Tage einzustimmen. Dann wird der aktuelle Prozess mit dem Flussdiagramm verglichen. Oftmals ergeben sich bereits an dieser Stelle Abweichungen, woraus sich direkt Maßnahmen ableiten lassen.

Als Nächstes werden die Ergebnisse und Tätigkeiten analysiert, um weitere Verbesserungsvorschläge zu finden. Diese werden gesammelt und möglichst übersichtlich dargestellt.

## Rahmenplan für Verbesserungsworkshops

1. Stufe: Einführung, Vergleich des Ist-Prozesses mit dem Flussdiagramm, weitere Analysebereiche bestimmen, Basisdaten erheben, Überprüfen der Prozessergebnisse, unnötige Ergebnisse eliminieren, Anforderungen an die Ergebnisse ermitteln, Maßnahmen zur Erfüllung der Anforderungen planen.

2. Stufe: Überprüfen der Tätigkeiten, unnötige Tätigkeiten eliminieren, Verbesserungsvorschläge erarbeiten, Diskussion dieser Vorschläge, Maßnahmen planen, Maßnahmen bewerten und auswählen, Verantwortliche benennen, weitere Personen hinzuziehen.

3. Stufe: Probeweises Umsetzen der Maßnahmen.
4. Stufe: Fortführen der Umsetzung, Bewerten der Maßnahmen, Anpassen des Flussdiagramms, Ergebnisse bewerten, Vorbereiten einer Präsentation.
5. Stufe: Ergebnispräsentation vor dem Steuerkreis.

An die Diskussion der Vorschläge schließt sich die Planung konkreter Maßnahmen an. Diese müssen dann bewertet und ausgewählt werden. Um sie schließlich erfolgreich umsetzen zu können, wird ein Aktionsplan erstellt, in dem für jede Maßnahme ein Verantwortlicher festgelegt wird. Die Veränderungen werden dann in das Flussdiagramm übernommen, so dass dieses den neuen Ist-Zustand des Prozesses dokumentiert. Abschließend wird eine Ergebnispräsentation vorbereitet. Diese findet am Schluss des Verbesserungsworkshops vor dem Steuerkreis statt.

Der Vorteil eines solchen Workshops gegenüber wöchentlichen Treffen besteht darin, dass die ausgearbeiteten Maßnahmen sofort umgesetzt werden. Dadurch können viele der im Wesentlichen bereits bekannten Probleme schnell und unbürokratisch gelöst werden. Allerdings besteht die Gefahr, dass nur die aktuellen Probleme der letzten Tage besprochen werden.

Außerdem fühlt sich die Gruppe leicht unter Zeitdruck gesetzt, so dass die wichtige Analyse des Problems und eine ausgiebige Erarbeitung von Verbesserungsmaßnahmen oft zu kurz kommen. Der Zeitdruck erschwert die Gruppenarbeit, so dass es besonders wichtig ist, zur Unterstützung der Gruppe einen erfahrenen Moderator einzusetzen.

Bei den Verbesserungsworkshops werden häufig auch Maßnahmen geplant, die sich nicht sofort umsetzen lassen. Für solche Maßnahmen ist es besonders wichtig, dass die verantwortlichen Personen für die Umsetzung festgelegt werden. Dem Prozessbesitzer kommt nun die Aufgabe zu, auch nach dem Workshop dafür zu sorgen, dass die geplanten Maßnahmen durchgeführt werden.

Einige Prozesse müssen grundsätzlich neu geplant werden, um die Prozessfähigkeit und Wirtschaftlichkeit herzustellen. Es ist in der Regel nicht möglich, diese Neuplanung auf einem Workshop durchzuführen, sondern ein spezielles Projekt muss gestartet werden. Solche Projekte werden unter dem Stichwort **Prozessreengineering** diskutiert.

Dabei wird der gesamte Prozess zur Diskussion gestellt, und eine vollkommen neue Variante wird geplant, die sich wesentlich von der alten unterscheidet. Nicht die Frage nach der Optimierung des bestehenden Prozesses steht im Vordergrund, sondern es wird überlegt, warum der Prozess überhaupt nötig ist und wie er idealerweise gestaltet sein müsste.

Für ein solches Projekt müssen die Mitglieder des Prozessteams ganz oder zumindest teilweise von ihrer übrigen Arbeit freigestellt werden, und es ist ratsam, Organisationsexperten hinzuzuziehen. Solche Experten können externe Berater sein oder auch aus dem eigenen Unternehmen stammen, zum Beispiel aus dem Qualitätswesen oder einer Organisationsabteilung.

Das Reengineering-Team führt die Schritte 8 und 9 durch, um die gewünschten Prozessergebnisse festzulegen und die Anforderungen zu bestimmen. Anschließend wird der neue Prozess geplant. Die Vorgehensweise im Schritt 11 hilft bei der Überprüfung, ob das Verhältnis zwischen wertschöpfenden und nicht direkt wertschöpfenden Tätigkeiten ausgewogen ist.

## 5.1 Schritt 8: Prozessergebnisse überprüfen

**WORUM GEHT ES?**

Die Prozessergebnisse werden eingehend auf ihre Notwendigkeit hin überprüft. Gemeinsam mit dem Prozesskunden wird eine Prioritätenliste erstellt, aus der hervorgeht, welche Ergebnisse besonders wichtig und welche weniger wichtig für die Weiterverarbeitung sind. Durch Änderungen im eigenen Prozess oder im Prozess des Kunden wird versucht, einige der nicht so wichtigen Ergebnisse zu streichen.

**WAS BRINGT ES?**

Die gemeinsamen Treffen mit dem Kunden führen dazu, dass der betroffene Prozess aus der Kundensicht analysiert werden kann. Die Mitarbeiter verstehen, welche Bedeutung die erzeugten Ergebnisse für den Kunden haben. Durch die Veränderung oder durch das ersatzlose Streichen einzelner Ergebnisse wird die Wertschöpfung der gesamten Prozesskette erhöht.

**WIE GEHE ICH VOR?**

Die Prozessergebnisse und die Prozesskunden, die bereits im Schritt 5 aufgelistet wurden, werden in einer Matrix gegenübergestellt. Das folgende Bild zeigt eine solche Matrix für das Beispiel des Materialbeschaffungsprozesses.

 Schreiben Sie die gefundenen Prozessergebnisse und -kunden auf Pappkarten und befestigen Sie diese an einer Pinnwand. Die Anordnung der Karten lässt sich dann leicht ändern. Außerdem bietet diese Form der Darstellung die Möglichkeit, dass alle Mitglieder des Prozessteams gleichzeitig an der Matrix arbeiten können.

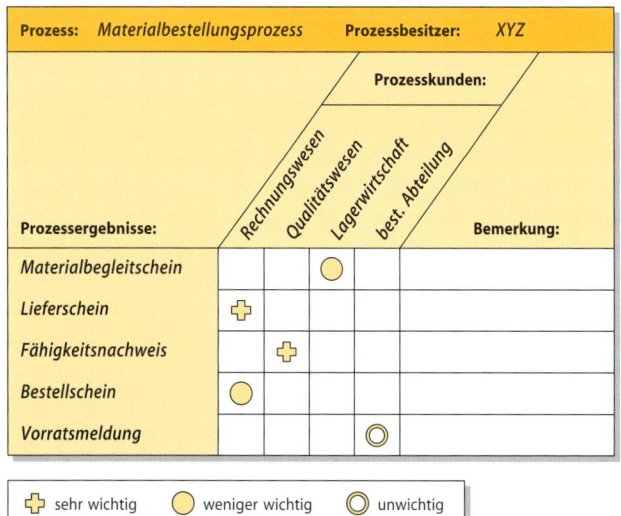

**Bild 16:** *Ergebnis-Kunden-Matrix*

Durch verschiedene Symbole werden die Ergebnisse den Prozessen zugeordnet. Ein Kreuz bedeutet, dass die erzeugten Ergebnisse in Bezug auf den Kunden als sehr wichtig erachtet werden. Ein ausgefüllter Kreis bedeutet, dass das Ergebnis weniger wichtig ist, und ein unausgefüllter Kreis bedeutet, dass das Ergebnis als unwichtig eingeschätzt wird.

Anschließend wird der Aufwand abgeschätzt, der zur Erstellung der Ergebnisse benötigt wird. Dies geschieht, indem die Gesamtkosten des entsprechenden Prozesses näherungsweise auf die einzelnen Ergebnisse verteilt werden. Stehen Angaben über die Kosten nicht zur Verfügung, kann abgeschätzt werden, welche Bearbeitungszeit die einzelnen Ergebnisse verbrauchen.

Auf diese Weise wird sofort ersichtlich, was gespart werden könnte, wenn die einzelnen Ergebnisse nicht mehr erbracht werden müssen. Durch diese Angaben erhält das Prozessteam eine gute Argumentationsgrundlage für Gespräche mit den Prozesskunden.

 Lassen Sie jedes Mitglied des Prozessteams den Aufwand zunächst für sich allein abschätzen. Anschließend wird ein einheitliches Ergebnis durch die Diskussion in der Gruppe erzielt.

Als Nächstes müssen nun die Prozesskunden hinzugezogen werden. Durch den Abgleich der Informationen aus der Matrix und aus der Aufwandsschätzung können erste Verbesserungsmaßnahmen abgeleitet werden. Das Prozessteam beginnt nun gemeinsam mit den Kunden festzulegen, welche Ergebnisse ganz entfallen können. Dies sind zumeist solche, die bei der Erstellung einen hohen Aufwand darstellen, aber vom Kunden als nicht so wichtig erachtet wurden.

 Nutzen Sie die Matrix, um die gefundenen Ergebnisse mit den Prozesskunden abzustimmen. Laden Sie die Kunden zu den Sitzungen des Prozessteams ein und besprechen Sie die Gewichtung in der Matrix.

Als Nächstes wird versucht, einfache Änderungen im Prozess durchzuführen, mit denen kundenunwirksame Ergebnisse gestrichen werden können. Am Ende des Workshops liegt eine Liste der Ergebnisse vor, die entfallen oder rationeller erstellt werden können.

Führen Sie solche Workshops auch mit Ihren eigenen Lieferanten durch. Sollte der eigene Zulieferer noch nicht an Sie herangetreten sein, benötigt er vielleicht einen Anstoß für einen gemeinsamen Workshop.

## 5.2 Schritt 9: Wertschöpfung steigern

### WORUM GEHT ES?

Wie sich aus den erarbeiteten Flussdiagrammen ablesen lässt, beinhaltet jeder Prozess viele einzelne Tätigkeiten, die zusammen zum Prozessergebnis führen. Es sind jedoch nur wenige Tätigkeiten, die wirklich den Wert der Prozessergebnisse für den Kunden erhöhen. Das Ziel ist es nun, die Tätigkeiten, die nicht wertsteigernd sind, auf ein Mindestmaß zu reduzieren. Dazu können alle Tätigkeiten in die Kategorien Nutz-, Stütz-, Blind- und Fehlleistungen eingeteilt werden.

Das Bild zeigt die Anteile der einzelnen Leistungsarten an der Gesamtleistung innerhalb eines Unternehmens.

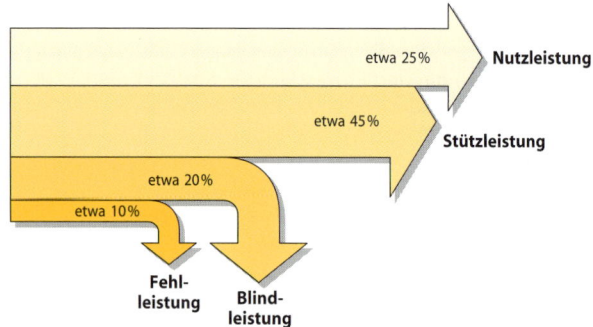

**Bild 17:** *Aufteilung der erbrachten Gesamtleistungen*

*(Quelle: Tomys, A.-K.: Kostenorientiertes Qualitätsmanagement, München 1995)*

Unter **Nutzleistungen** werden die Tätigkeiten verstanden, die aus der Sicht des Kunden zu einer Wertsteigerung führen. Sie erhöhen also den Wert eines Ergebnisses für den Kunden während des Prozessablaufes.

Diese Tätigkeiten sind geplant und dementsprechend im Flussdiagramm sichtbar. Die Nutzleistungen sind fortwährend zu optimieren.

### Beispiele für Nutzleistungen

- Konstruktion
- Montage
- Bearbeitung
- Marketingmaßnahmen zur Erhöhung des ideellen Wertes des Produktes

Im Gegensatz dazu tragen **Stützleistungen** nur indirekt zur Wertsteigerung eines Produktes bei. Sie unterstützen die Nutzleistungen.

Sie werden vom Kunden nicht wahrgenommen, verursachen aber Kosten. Daher sind sie möglichst wirtschaftlich zu gestalten und auf das geringst mögliche Maß zu reduzieren.

### Beispiele für Stützleistungen

- Das Rüsten von Werkzeugmaschinen
- Der innerbetriebliche Gütertransport
- Die Produktionsplanung und -steuerung
- Die Genehmigung durch Unterschriften
- Statistiken und Berichte erstellen

Als **Blindleistungen** werden Tätigkeiten bezeichnet, die ungeplant auftreten und weder direkt noch indirekt zur Wertschöpfung des Produktes beitragen.

Diese Leistungen werden vom Kunden nicht wahrgenommen und erhöhen die Prozesskosten. Sie sind zu eliminieren.

### Beispiele für Blindleistungen

- Zwischenlagerung
- Unterbrechung des Produktionsflusses durch fehlenden Teilenachschub
- Mehrfacharbeit
- Nachlieferungen auf Grund von Fehlinformationen

**Fehlleistungen** sind Leistungen, die als Nutz- oder Stützleistungen geplant wurden, aber nicht verwertet werden können, da bei der Erstellung ein Fehler aufgetreten ist.

Ziel muss es sein, diese Fehlleistungen durch verbesserte Planung, Schulung oder Prozessstrukturierung grundsätzlich zu vermeiden.

### Beispiele für Fehlleistungen

- Fehlerhafte Produkte
- Falsche Buchungen
- Fehlerhafte Statistiken

### WAS BRINGT ES?

Die kritische Überprüfung der Tätigkeiten führt zu einer Erhöhung des Wertschöpfungsanteils innerhalb des Prozesses. Es findet eine Konzentration auf die Tätigkeiten statt, die den Kundennutzen erhöhen. Alle nicht notwendigen Tätigkeiten werden systematisch aufgespürt und eliminiert.

## WIE GEHE ICH VOR?

Das Prozessteam erstellt zunächst eine Liste mit allen Tätigkeiten des Prozesses. Das Flussdiagramm enthält bereits die meisten Angaben. Darüber hinaus gibt es aber eine Reihe von Tätigkeiten, die nicht im Flussdiagramm geplant wurden. Diese können auf einem Treffen des Prozessteams herausgearbeitet werden, oder es wird eine Tätigkeitsanalyse durchgeführt. Dazu schreiben alle Mitglieder des Prozessteams für mehrere Tage auf, welche Tätigkeiten sie ausführen.

Danach werden die einzelnen Tätigkeiten den Leistungsarten zugeordnet. Dazu werden sie in eine Tabelle eingetragen, wie sie im Folgenden abgebildet ist. Das Beispiel bezieht sich auf den Prozess Angebotserstellung für Sonderausführungen. Das Produkt muss an die Vorstellungen des Kunden angepasst werden und kann nicht direkt aus einem Katalog entnommen werden.

Fehlleistungen wurden in diesem Beispiel nicht aufgeführt, da diese nur durch die Beobachtung des laufenden Prozesses ermittelt werden können. Sie würden sich ergeben, wenn die erarbeiteten Ergebnisse nicht den Anforderungen der Kunden entsprechen oder wenn in einzelnen Tätigkeiten Fehler entstehen, die durch Nacharbeit beseitigt werden müssen.

Die aufgetretenen Blindleistungen müssen näher erläutert werden. Die Kundenanfrage in der Tätigkeit 1 wurde nicht ausreichend fundiert durchgeführt, deshalb muss im nächsten Schritt erneut rückgefragt werden. Für ein Produkt werden überflüssigerweise bei Tätigkeit 4 und 9 jeweils verschie-

| Tätigkeiten | Abteilungen | Zeit [min] | Leistungen: Nutz | Stütz | Blind | Fehl |
|---|---|---|---|---|---|---|
| 01 Kundenanfrage eintragen u. weiterleiten | Vertrieb | 24 | | | x | |
| 02 Rücksprache mit dem Kunden | Vertrieb | 33 | | x | | |
| 03 Antrag auf Sondernummer ausfüllen | Vertrieb | 18 | | x | | |
| 04 Eintrag in Eingangsliste/interne Nummer | Technik | 14 | | | x | |
| 05 Kunden über Vorgang informieren | Technik | 35 | | | x | |
| 06 Prüfen der Anfrage | Konstruktion | 20 | | x | | |
| 07 Teile und Baugruppen definieren | Konstruktion | 46 | | x | | |
| 08 Zeichnung und Stücklisten erstellen | Konstruktion | 75 | x | | | |
| 09 Sondernummer vergeben | Konstruktion | 12 | | | x | |
| 10 Ergebnisse überprüfen | Konstruktion | 17 | | x | | |
| 11 Unterlagen archivieren | Konstruktion | 15 | | x | | |
| 12 Preise schätzen | Kalkulation | 18 | | x | | |
| 13 Lohnminuten berechnen | Kalkulation | 27 | | x | | |
| 14 Angebot erstellen | Vertrieb | 52 | x | | | |
| 15 Angebot dem Kunden vorlegen | Marketing | 7 | x | | | |

**Bild 18:** *Analyse der Leistungsarten in einem Prozess*

dene Nummern vergeben. Durch die fünfte Tätigkeit wird der Kunde über den laufenden Vorgang informiert, dieser ist jedoch in erster Linie an einem Angebot interessiert und nicht an den internen Vorgängen bei seinem Lieferanten.

Auf Grund der so durchgeführten Einschätzung werden die verschiedenen Leistungsarten klar ersichtlich. Es ist nun möglich, Verbesserungsmaßnahmen zu erarbeiten oder einzelne Tätigkeiten vollständig zu eliminieren.

## 5.3 Schritt 10: Nahtstellen optimieren

### WORUM GEHT ES?

Als Nahtstelle wird die Stelle bezeichnet, an welcher der Prozess von einer zur nächsten Abteilung bzw. von einem zum nächsten Teilprozess wechselt. Diese Nahtstellen sind besonders kritische Punkte, da an ihnen häufig Informations-, Zeit- und Reibungsverluste auftreten. Durch so genannte Nahtstellenvereinbarungen können diese Verluste vermieden und der Übergang optimiert werden. Dabei legen interne Prozesskunden und -lieferanten gemeinsam fest, welche Anforderungen an die Ergebnisse gestellt werden sollen.

### WAS BRINGT ES?

Dadurch, dass der Lieferant die Anforderungen des Kunden genau kennen lernt, können Missverständnisse und falsche Einschätzungen an der Nahtstelle vermieden werden. Durch das Niederschreiben der Anforderungen wird der Lieferant darauf festgelegt, diese Anforderungen auch einzuhalten. Die intensive Kommunikation mit dem Kunden führt dazu, dass der Lieferant erfährt, auf welche Weise die Ergebnisse verarbeitet werden und worauf es besonders ankommt.

**WIE GEHE ICH VOR?**

Das Prozessteam listet in einer Sitzung alle Eingaben auf, die es von den verschiedenen Lieferanten erhält. Gemeinsam mit den Kunden werden nun die Anforderungen an die Eingaben festgelegt.

Beispiele für solche Anforderungen werden im Folgenden gezeigt.

### Beispiele für Anforderungen

- Maßhaltigkeit
- Liefertermine
- Mengen
- Oberflächengüte
- Speicherformat
- Vollständigkeit
- Leserlichkeit

Die folgende Tabelle zeigt die Vereinbarungen, die das Prozessteam des Montageprozesses Baugruppe A mit den entsprechenden Lieferanten getroffen hat. In der Spalte links außen sind alle Lieferanten des Prozesses aufgelistet. Daneben sind die Eingaben verzeichnet, die diese Lieferanten in den Prozess geben. In der rechten Spalte werden die Anforderungen aufgelistet, die an diese Eingaben gestellt werden.

Die Tabelle zeigt, dass es ganz unterschiedliche Anforderungen gibt. An die Lagerbuchse werden konkrete, messbare Anforderungen gestellt. Solche Größen sind zumeist in den entsprechenden Konstruktionszeichnungen oder Arbeitsplänen enthalten. Andere Anforderungen sind beschreibend. Gerade diese sind aber häufig nicht klar genug abgesprochen.

## Nahtstellenvereinbarung:

**Prozess:** *Montageprozess Teil A*

| Lieferanten | Eingaben | Anforderungen |
|---|---|---|
| *Kleinteilproduktion B* | Lagerbuchse | Toleranz: H7 Rauhtiefe: Rz DIN < 2 µm Werkstückträger: x4711 |
| *Fertigungssteuerung* | Monatsplan | sortiert nach Produktgruppen |
| *Instandhaltung Anlagen* | ausgeführter Reparaturauftrag | Beginn innerhalb von 2 Stunden |
| *Meister* | Losfreigabe | rechtzeitig vor Fertigstellungstermin |
| *Endmontage* | Fehlerbericht | Teilenummer Identnummer |

**Tab. 1:** *Nahtstellenvereinbarung*

Lassen Sie die Prozessbesitzer die Nahtstellenvereinbarungen und die daraus abgeleiteten Prozessveränderungen zu einem festgesetzten Termin präsentieren. Auf diese Weise kann sich der Steuerkreis einen Einblick verschaffen, wie es mit den Verbesserungen vorangeht, und er kann sich überzeugen, dass das Prozessmanagement in allen Prozessen angewendet wird.

Wiederholen Sie von Zeit zu Zeit die Nahtstellen-vereinbarung, da sich die Anforderungen im Laufe der Zeit ändern. Häufig erhöhen sich die Anforderungen an die Eingaben, da der eigene Prozess weiter verbessert wird.

# 6 Prozesse lenken und ständig verbessern

Nachdem das Prozessmanagement eingeführt und die Prozesse neu strukturiert wurden, ist es nun die Aufgabe des Prozessteams, die bestehenden Prozesse zu lenken und ständig weiter zu verbessern. Zur Lenkung müssen die Prozesse fortlaufend beobachtet werden. Dazu sind Kennzahlen einzuführen, anhand derer der derzeitige Zustand des Prozesses beurteilt werden kann. Treten Probleme in dem Prozess auf, so zeigt die Entwicklung der Kennzahlen, dass ein Eingriff notwendig ist.

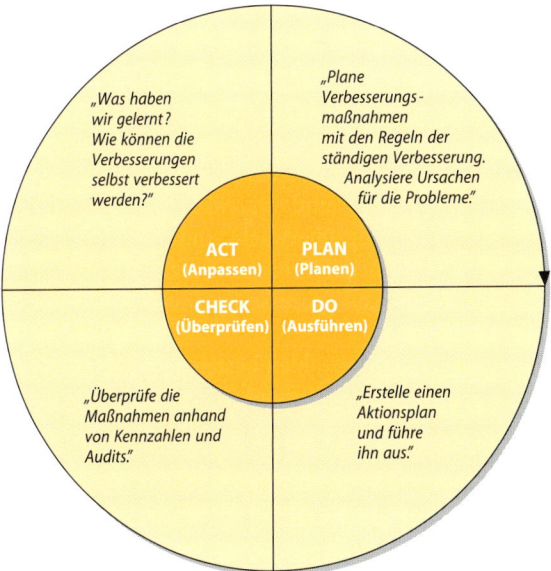

**Bild 19:** *Plan-Do-Check-Act-Zyklus*

Andererseits zeigen die Kennzahlen auch den Fortschritt an, der durch die ständige Verbesserung erreicht wird. Die ständige Verbesserung ist jedoch keine Methode, die nach Belieben angewendet werden kann, sondern eine gedankliche Vorgehensweise, die aus den Aktivitäten Planen (Plan), Ausführen (Do), Überprüfen (Check) und Anpassen (Act) besteht. Bild 19 zeigt den Verbesserungszyklus, auf das Prozessmanagement bezogen.

## 6.1 Schritt 11: Kennzahlen festlegen

### WORUM GEHT ES?

Für jeden Prozess werden mehrere aussagefähige Kennzahlen festgelegt. Diese machen die Arbeit des Verbesserungsteams sichtbar und unterstützen die Prozessdokumentation. Im Fertigungsbereich ist der Einsatz von Kennzahlen bereits gängige Praxis. Stückzahlen, Ausschussquoten, Liefertermine und Durchlaufzeiten werden beispielsweise regelmäßig überwacht und als Kennzahlen gemessen. Im Rahmen des Prozessmanagements wird dieser Gedanke auf sämtliche Prozesse im Unternehmen übertragen.

Mit Hilfe dieser Kennzahlen besteht jedoch nur die Möglichkeit, den derzeitigen Zustand eines Prozesses zu quantifizieren. Um eine Aussage über die Abweichungen oder den Verbesserungsfortschritt des Prozesses treffen zu können, ist es notwendig, die Entwicklung der Kennzahlen über einen längeren Zeitraum zu beobachten. Dazu werden die erhobenen Kennzahlen in eine Trendkarte eingetragen.

## WAS BRINGT ES?

Durch die Kennzahlen werden Veränderungen am Prozess sichtbar gemacht. Somit wird ein rasches Eingreifen ermöglicht, noch bevor es zu größeren Störungen im Prozess kommt. Andererseits zeigen die Kennzahlen das Maß der Verbesserungen an. Hierdurch kann überprüft werden, ob die durchgeführten Maßnahmen auch wirksam sind und ob die Ziele erreicht werden, die für den Prozess gesetzt wurden.

### Beispiel für die Verwendung von Kennzahlen

Denken Sie an die Situation auf der Kegelbahn. Erst durch das sofortige Anzeigen der geworfenen Punkte eines jeden einzelnen Wurfes bekommt das Spiel einen Sinn. Jeder Mitspieler versucht, beim nächsten Spiel noch besser zu sein. Genauso verhält es sich auch bei der Prozessverbesserung. Niemand verspürt einen Anreiz, sich anzustrengen, wenn er keine Rückmeldung über die erreichten Ergebnisse erhält.

Durch die Abbildung der Kennzahlen in Form von Trendkarten lassen sich Entwicklungen des Leistungsniveaus sehr genau ablesen. Dadurch besteht die Möglichkeit, die im Rahmen der ständigen Verbesserung getätigten Veränderungen jederzeit auch über einen längeren Zeitraum zu beobachten.

## WIE GEHE ICH VOR?

Aufgabe des Prozessteams ist es, Größen zu finden, anhand derer Prozesse quantifiziert werden können. Es ist ohne Probleme möglich, eine große Anzahl von Kennzahlen für jeden Prozess zu finden. Oftmals wird im Unternehmen bereits umfangreiches Datenmaterial erzeugt, auf das nach einer geeigneten Aufbereitung zurückgegriffen werden kann.

Zunächst wird bei einem Treffen des Prozessteams eine Liste erstellt, auf der alle möglichen Kennzahlen eingetragen werden. Diese Liste wird durch ein einfaches Brainstorming erzeugt. Hilfreich ist es, wenn sich das Team zu jeder erbrachten Leistung mindestens eine Kennzahl notiert. Dabei ist es ratsam, sich die Anforderungen an die einzelnen Leistungen nochmals zu vergegenwärtigen.

Nicht alle Kennzahlen jedoch lassen sich mit einem vertretbaren Aufwand ermitteln, so dass es notwendig ist, einige wesentliche Kennzahlen des Prozesses zu bestimmen. Als Faustregel soll gelten, dass nicht mehr Kennzahlen festgesetzt werden, als das Verbesserungsteam Mitglieder hat.

Bei einer großen Anzahl von Kennzahlen handelt es sich um absolute Kennzahlen, die konkrete Ausprägungen einer Größe messen. Solche Kennzahlen sind die Anzahl korrekt ausgeführter Buchungen oder fehlerfreier Produkte. Bei der Durchlaufzeit beispielsweise, die in Tagen oder Stunden gemessen wird, handelt es sich ebenfalls um eine absolute Kennzahl. Auch physikalische Größen wie Rautiefe, Gewicht oder Länge können zur Beurteilung herangezogen werden.

Außerdem können relative Kennzahlen ermittelt werden, bei denen zwei Größen zueinander in Beziehung gesetzt werden. Beispiele sind der Anteil korrekt ausgeführter Buchungen an der Gesamtzahl der Buchungen oder der Anteil der pünktlich ausgeführten Lieferungen.

Einfacher zu ermitteln sind die absoluten Kennzahlen; durch relative Zahlen können aber unterschiedliche Prozesse miteinander verglichen werden. Die Quantifizierung findet gemäß einer festgelegten Formel statt, deren Anwendung durch bestimmte Anweisungen festgelegt wird, so dass eindeutige und nachvollziehbare Ergebnisse erzielt werden können.

Bei verschiedenen Projekten, die zum Prozessmanagement durchgeführt wurden, hat sich gezeigt, dass es sehr schwer ist, von Anfang an die richtigen Kennzahlen zu finden. Oft waren mehrere Sitzungen notwendig, um angemessene Kennzahlen festzulegen. Häufig mussten erst verschiedene ausprobiert werden, bevor die geeigneten gefunden wurden. Die folgende Liste zeigt Beispiele für Kennzahlen:

| Prozess | Kennzahl |
|---|---|
| Fertigungsprozess | • Anzahl Gutteile<br>• Durchlaufzeit<br>• Nutzungsgrad<br>• Prozessfähigkeitsindex<br>• Maschinenverfügbarkeit |
| Absatzprozess | • Zeit für Auftragsbearbeitung<br>• Anzahl termingerechter Aufträge<br>• Lieferzeit<br>• Kundenzufriedenheitsindex |
| Entwicklungsprozess | • Produktbewertung durch den Kunden<br>• Einhalten der Meilensteine<br>• Dauer zur Marktreife<br>• Anzahl Entwurfsänderungen<br>• Entwicklungskosten |
| Verwaltungsprozess | • Rechnerverfügbarkeit<br>• Anzahl offener Posten<br>• Zeit für die Reisekostenabrechnung<br>• Anzahl geschulter Mitarbeiter |

**Tab. 2:** *Beispiele für Kennzahlen*

## Beispiel für die Kennzahl Termintreue

Die Termintreue lässt sich durch folgende Formel quantifizieren:
Anzahl termingerechter Auslieferungen im Verhältnis zur Anzahl der gesamten Auslieferungen.
Die Anweisung zur Ermittlung der einzelnen Kennzahlen könnte wie folgt lauten:
Zur Ermittlung der termingerechten Auslieferungen zähle alle Scheine, bei denen das Datum auf dem Bestellschein vor dem vorausgeplanten Datum liegt. Zur Ermittlung der Anzahl gesamter Lieferungen zähle alle Lieferscheine im Ordner Versand-Ausgang.

Werden Kennzahlen festgelegt, die den Zustand eines Prozesses messen und nicht sein Ergebnis, dann besteht die Möglichkeit einzugreifen, bevor es zu fehlerhaften Ergebnissen kommt.

## Beispiele für Zustandskennzahlen

• Durchlaufzeit
• Anlagenverfügbarkeit
• Anzahl der Planrevisionen
• Anzahl durchgeführter Verbesserungen
• Anteil Mitarbeiter in Verbesserungsgruppen
• Anzahl durchgeführter Termintreffen

Nachdem die Kennzahlen festgelegt wurden, werden die ermittelten Werte in eine Trendkarte eingetragen. Für jede Trendkarte, die geführt werden soll, wird ein Mitarbeiter ausgewählt, der für die Fortschreibung verantwortlich ist. Der Prozessbesitzer des betreffenden Prozesses informiert sich regelmäßig über den Stand der Kennzahlen und kann darauf seine eigene Planung aufbauen.

Außerdem können die verschiedenen Trendkarten als Vorlagen für Präsentationen im Steuerkreis verwendet werden.

Im folgenden Bild ist beispielhaft eine Trendkarte für einen Prozess dargestellt. Die gestrichelte Linie gibt das zu erreichende Verbesserungsziel an. Bei der Festlegung des Zielwertes muss mit besonderer Vorsicht vorgegangen werden, um einer möglichen Manipulation entgegenzuwirken. Das Erreichen der gesteckten Ziele kann durch kleine Änderungen vorgetäuscht werden und ist für Außenstehende kaum nachvollziehbar.

Beispielsweise kann das Ziel „Senken der Anzahl einlaufender Reklamationsberichte" sehr leicht erreicht werden, indem die Berichte nicht mehr monatlich, sondern quartalsweise abgefragt werden. Eine weitere Möglichkeit, sich vor unangenehmen Trendentwicklungen zu schützen, besteht darin, die Kennzahl zu wechseln. Es wird nicht mehr das kritische Merkmal, sondern ein anderes unbedeutendes gemessen.

Ein weiteres Problem bei der Arbeit mit Kennzahlen und Trendkarten entsteht dann, wenn diese fälschlicherweise zur Personenbewertung missbraucht werden und nicht, wie ursprünglich vorgesehen, zur Quantifizierung des Prozesszustandes. Der einzelne Mitarbeiter ist geneigt, die Kennzahlen so zu manipulieren, dass er in einem günstigen Licht erscheint.

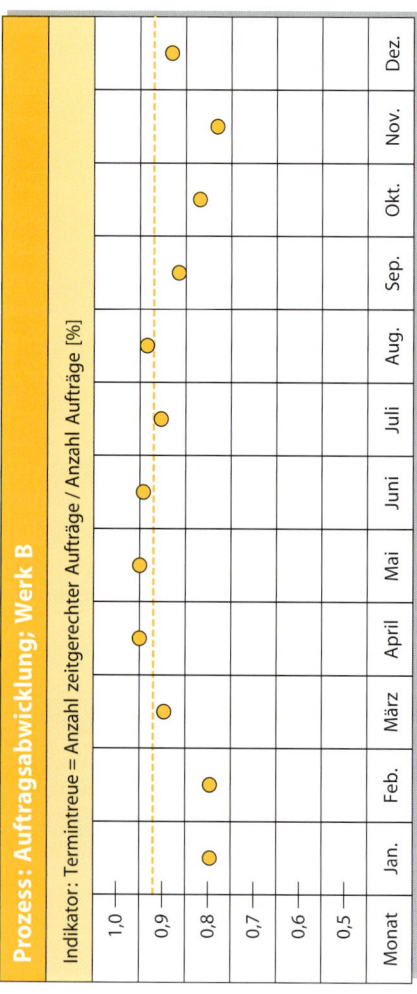

**Bild 20:** *Trendkarte*

Darüber hinaus gibt es Kennzahlen, die der Mitarbeiter nicht durch seine Leistung beeinflussen kann. Werden beispielsweise in der Endmontage viele Produktfehler gefunden, könnte das zu erreichende Ziel für den Montagemitarbeiter „Verringern der Produktfehler" heißen. Allerdings hat der Mitarbeiter keine Möglichkeit, dieses Ziel zu erreichen, da er für die bereits bestehenden Fehler nicht verantwortlich ist.

Die dargestellten Beispiele zeigen, dass bei der Festlegung von Verbesserungszielen sehr bedacht vorgegangen werden muss. So sollten Kennzahlen erst über einen längeren Zeitraum erfasst werden und der Prozess über seine gesamte Länge bekannt sein, bevor Verbesserungsziele gesteckt werden. Ohne klare und sinnvolle Zielvereinbarungen wird es schwierig, in der Phase der ständigen Verbesserung wirkliche Fortschritte zu erreichen.

## 6.2 Schritt 12: Verbesserungsregeln anwenden

### Worum geht es?

Die folgenden zehn Regeln der ständigen Verbesserung beschreiben Möglichkeiten, wie Verbesserungen des Prozesses durchgeführt werden können. Sie sollen in den Sitzungen des Prozessteams angewendet werden und dienen dazu, auf systematische Weise Maßnahmen zu erarbeiten. Durch wiederholtes Anwenden der einzelnen Regeln werden auch schwieriger zugängliche Lösungen und tiefer sitzende Probleme aufgedeckt.

## Was bringt es?

Die Regeln stellen einen einfachen Zugang zur ständigen Verbesserung im Unternehmen dar. Es werden Möglichkeiten aufgezeigt, die nicht ohne weiteres ersichtlich sind. Durch das systematische Vorgehen können nach und nach alle Verschwendungen innerhalb des Prozesses beseitigt werden. Die Mitarbeiter gestalten im Team ihren eigenen Prozess. Das fördert die Identifikation mit dem Prozess und die Motivation zur weiteren Teilnahme an der Verbesserungsarbeit.

## Wie gehe ich vor?

Bei jedem Treffen des Prozessteams wird eine Regel besprochen. Reicht die Zeit nicht aus, alle Maßnahmen zu planen, so kann eine Regel über mehrere Termine bearbeitet werden. Die Reihenfolge der Regeln ist nicht festgelegt und kann nach Belieben ausgetauscht werden.

 Vereinbaren Sie sofort die nächste Regel, sobald die vorherige abgearbeitet wurde. Dann hat in der Zwischenzeit jeder Mitarbeiter die Gelegenheit, sich auf die nächste Sitzung vorzubereiten.

Finden die Workshops nicht wöchentlich, sondern in größeren Zeitabständen statt, bietet es sich an, das Prozessteam in mehrere Teilgruppen zu trennen. Jede Gruppe beschäftigt sich dann mit einer anderen Regel. Damit wird gewährleistet, dass trotz der knappen zur Verfügung stehenden Zeit viele Regeln angewendet und Verbesserungspotenziale ausgeschöpft werden.

Bei der Diskussion entstehen häufig Verbesserungsvorschläge, die nicht zu der behandelten Regel gehören. Unterdrücken Sie diese Beiträge auf keinen Fall, sondern behandeln Sie diese genauso wie die anderen Vorschläge.

 Egal was Sie tun, machen Sie es möglichst einfach! Es hat keinen Sinn, sich das Leben durch eine komplizierte Herangehensweise zu erschweren.

## 10 Regeln der ständigen Verbesserung von Prozessen

- Überproduktion vermeiden
- Selbstkontrolle einführen
- Tätigkeiten zusammenfassen
- Teilprozesse parallel ausführen
- Prozessvarianten bilden
- Arbeitsbedingungen verbessern
- Bestände verringern
- Unnötige Transporte vermeiden
- Durchlaufzeiten verkürzen
- Betriebsmittelverfügbarkeit erhöhen

### 6.2.1 Regel 1: Überproduktion vermeiden!

Überproduktion entsteht immer dann, wenn mehr von einem Prozessergebnis erzeugt wird, als wirklich beim Prozesskunden benötigt wird. Dies gilt nicht nur für den Produktionsbereich, wenn beispielsweise auf Lager produziert wird, sondern auch für die Herstellung von Informationen jeglicher Art.

## Beispiele für Überproduktion

- Unnötige Informationen auf Formularen
- Unnötige Berichte
- Produktion auf Vorrat

Für die Überproduktion gibt es verschiedene Gründe. Häufig wird von vornherein mit einer gewissen Ausschussquote und einem Schwund im Lager gerechnet. Die Folge davon ist, dass zum Beispiel 350 Stück produziert werden, obwohl nur 300 Stück benötigt wurden. Ein zweiter Grund ist die Angst vor Fehlbeständen. Da man nie genau weiß, was in der nächsten Zeit verlangt wird, wird auf Vorrat gefertigt. Es zeigt sich jedoch immer wieder, dass genau diese Produkte nicht gefragt werden, sondern dass die Nachfrage dort auftaucht, wo keine Vorräte angelegt wurden.

 Fangen Sie immer erst dann an, ein Ergebnis zu erstellen, wenn konkret ein Bedarf dafür vorliegt. Dazu sind teilweise größere Änderungen nötig, denn der Prozess muss dafür in einer Art organisiert werden, dass trotzdem eine kurze Bearbeitungszeit eingehalten werden kann. Für die tägliche Arbeit im Büro führt dies zu einer Änderung der Arbeitseinstellung. Erstellen Sie Unterlagen, Berichte oder Statistiken immer erst dann, wenn sie gebraucht werden. Manche interessant scheinende Statistik wird nie verlangt.

Das Prozessteam geht das Flussdiagramm Abschnitt für Abschnitt durch und überlegt, an welchen Stellen Überproduktion auftritt. Die gefundenen Stellen im Prozess werden in ständige, häufige oder gelegentliche Überproduktion eingeteilt. Bei der ersten Kategorie wird mit weiteren Analysen begonnen. Es ist in der Regel nicht möglich, sofort eine Abstellmaßnahme für die Überproduktion zu finden, sondern es müssen erst die Ursachen dafür ausfindig gemacht werden. Sind diese identifiziert, lassen sich die Abstellmaßnahmen planen.

### 6.2.2 Regel 2: Selbstkontrolle einführen!

Bei vielen Prozessen werden Kontrollen als separate Schritte durchgeführt. Diese Kontrollen werden entweder von hierarchisch höher stehenden Stellen vorgenommen oder in einem speziellen Kontrollarbeitsgang vollzogen.

### Beispiele für Kontrollen

- Genehmigung von Dienstreisen
- Qualitätsprüfungen, die der Werker nicht selbst durchführt
- Unterschrift des Vorgesetzten
- Nachrechnen von Kalkulationen

Diese Art von Kontrollen kostet nicht nur Zeit, sondern bindet Ressourcen, die anderweitig effektiver genutzt werden könnten. Viele der Kontrollstellen bilden Engpässe im Prozess, was dazu führt, dass die Durchlaufzeit unnötig verlängert wird. Daher ist es ratsam, einzelne Prüfschritte ganz entfallen zu lassen oder mit in die bestehenden Tätigkeiten einzubeziehen und als Selbstkontrolle zu gestalten. Zunächst werden alle Prüfungen aufgelistet, die im Flussdiagramm ersichtlich sind. Ist das Flussdiagramm nur wenig detailliert, so kann an dieser Stelle weiter in die Tiefe gegangen werden.

Versuchen Sie nicht, das Flussdiagramm in der Gruppe zu verfeinern. Es entstehen nur Streitigkeiten, und die Arbeit kommt nicht voran. Ihre Kreativität können Sie besser für Vorschläge einsetzen, wie die bestehenden Kontrollen zu vermeiden sind. Die detaillierte Ausarbeitung des Flussdiagramms übernimmt am besten eine einzelne Person, und das Ergebnis wird dann in der Gruppe besprochen.

Als Nächstes wird beschlossen, welche Prüfungen ganz wegfallen können. Hierbei zeigt sich, dass viele Kontrollen weiter bestehen, obwohl der Grund für die Einführung bereits entfallen ist. Dies ist häufig bei Überprüfungen durch Vorgesetzte der Fall. In der heutigen Zeit und beim heutigen Stand der Ausbildung sind solche Kontrollen oftmals nicht mehr nötig, zudem sie ein Ausdruck des Misstrauens gegenüber dem Mitarbeiter sind.

Wird diesem jedoch durch die Übertragung von Verantwortung Vertrauen entgegengebracht, fördert es seine Motivation und die Lust am „Mitdenken".

Ein anderes Beispiel sind Kontrollen in der Fertigung, die inzwischen auf Grund neu definierter Produktanforderungen oder geänderter Fertigungsverfahren nicht mehr notwendig sind.

Bei den notwendigen Kontrollen muss überlegt werden, wie diese in effektiverer Form durchgeführt werden können. Die Überprüfungen beim Materialeinkauf können beispielsweise vereinfacht werden, indem eine Unterscheidung vorgenommen wird. Die Mitarbeiter können benötigtes Material ohne zusätzliche Genehmigung beschaffen. Erst ab einer Summe von z. B. 1000 DM muss der Vorgesetzte gegenzeichnen.

In den Produktionsprozessen können Prüfungen mit in den normalen Ablauf integriert werden, wenn dem Werker Prüfmittel zur Verfügung gestellt werden. Die meisten Prüfaufgaben sind bereits mit einfachen Lehren oder Schablonen durchzuführen. Teilweise ist es sogar möglich, diese Prüfmittel direkt in die Anlagen, Transportmittel oder Werkstückträger einzubauen.

Für Kalkulationen und Berechnungen können Computer zum Einsatz kommen, um Rechenfehler zu vermeiden. Es muss dann lediglich die Richtigkeit der Ausgangsdaten nachgeprüft werden. Eine andere Möglichkeit ist die Verwendung von Quersummen innerhalb der Berechnung.

### 6.2.3 Regel 3: Tätigkeiten zusammenfassen!

Nachdem sämtliche Tätigkeiten innerhalb des Prozesses auf ihre Notwendigkeit überprüft wurden, können weitere Verbesserungspotenziale durch das Zusammenlegen einzelner Tätigkeiten ausgeschöpft werden. Dabei wird davon ausgegangen, dass nicht die Spezialisierung, sondern die Integration verschiedener Tätigkeiten in einer Stelle zu effektiveren Arbeitsabläufen führt.

Die größten Zeitverzögerungen und Informationsverluste entstehen durch das Weitergeben von Material und Information von der einen zur nächsten Bearbeitungsstation. Aus diesem Grund muss die Anzahl der einzelnen Stationen möglichst gering gehalten werden.

Eine weitere Auswirkung der Integration stellt die Erhöhung der Motivation des einzelnen Mitarbeiters dar, da nun eine umfassendere Aufgabe auszuführen ist. Den Idealfall der Aufgabenzusammenführung stellt die Fallbearbeitung dar. Das bedeutet, dass der gesamte Prozess von nur einer

Person bearbeitet wird. Oftmals ist jedoch eine Zusammenfassung der Tätigkeiten zu einer Stelle nicht möglich. Der Prozess wird dann von einer ständig in einem Raum zusammenarbeitenden Gruppe ausgeführt.

### Beispiele für Prozessintegration

Einige Versicherungen sind den Weg der Aufgabenintegration gegangen. Früher waren folgende Schritte notwendig, die von spezialisierten Bearbeitern ausgeführt wurden:
- Formular ausfüllen
- Versicherungssummen und Beitragssätze berechnen
- Versicherungsnummern vergeben
- Zahlungsfähigkeit prüfen
- Versicherungsbestätigung verschicken
- Konten einrichten
- Rechnung schreiben

Dieser Prozess dauerte oftmals mehrere Wochen, und es fanden immer wieder Rückfragen an die vorherige Bearbeitungsstelle statt. Nach einer eingehenden Analyse stellte sich heraus, dass diese Tätigkeiten auch von nur einem Mitarbeiter in viel kürzerer Zeit durchgeführt werden können. Auf Grund der umfassenden Ausbildung eines Versicherungskaufmanns existierten keine Gründe, den Prozess zu zerteilen. Das einzige Problem stellte die Informationsbereitstellung dar. Hierfür mussten Datenbanken zur Verfügung gestellt werden, und der Zugriff auf eine einheitliche Datenbasis für alle Unternehmensbelange musste gewährleistet werden. Durch den Einsatz moderner Informationstechnologie stellt dies jedoch kein Problem dar.

Im Prozessteam wird der neue Prozess sozusagen auf einem weißen Blatt Papier entworfen. Am Anfang wird die Frage gestellt, wie der Prozess aussieht, wenn er von nur einer Person bearbeitet wird. Auch wenn die Beantwortung nicht vollständig möglich ist, ergeben sich häufig Anregungen, nach denen der alte Prozess verbessert werden kann. Bei abteilungsübergreifenden Prozessen kann dies dazu führen, dass die Zugehörigkeit einzelner Stellen zu den Abteilungen neu geregelt werden muss.

 Lassen Sie bei der Anwendung dieser Regel das aktuelle Flussdiagramm außer Acht. Es würde bei der bevorstehenden Aufgabe hinderlich sein, denn es ist notwendig, sich vom alten Prozess zu lösen.

### 6.2.4 Regel 4: Teilprozesse parallel ausführen!

Häufig besteht ein Prozess aus aufeinander folgenden Sequenzen. Bei genauerer Betrachtung ergibt sich jedoch, dass die einzelnen Schritte nicht zwangsläufig nacheinander ausgeführt werden müssen. So können viele Prozessschritte beginnen, bevor der vorhergehende Schritt abgeschlossen ist. Diese Parallelbearbeitung hat kürzere Durchlaufzeiten zur Folge, was gerade bei zeitkritischen Teilprozessen zu einer beachtlichen Effektivitätssteigerung führt.

In der Produktentwicklung wird dieses parallele Vorgehen bereits unter dem Stichwort Simultaneous Engineering angewendet. Dabei werden die Produkte und die Produktionsanlagen weit gehend parallel und nicht, wie sonst üblich, nacheinander entwickelt. Einige wenige Rahmendaten des Produktes reichen aus, um mit der Anlagenplanung zu beginnen. Im Laufe der Entwicklung werden die vorhandenen Daten dann immer weiter konkretisiert.

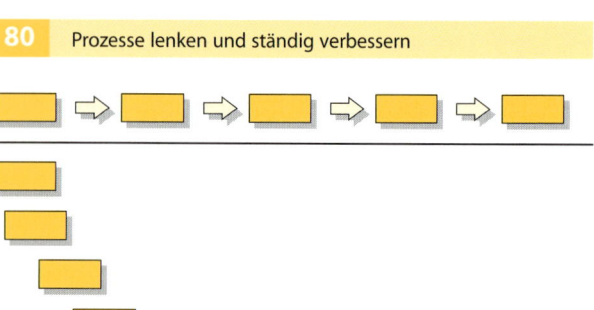

Zeit

**Bild 21:** *Parallelbearbeitung*

Dieses Vorgehen soll nun auch auf andere Prozesse übertragen werden. Dazu sind zunächst alle Teilprozesse im Flussdiagramm zu kennzeichnen, die bereits beginnen können, bevor der vorherige Teilprozess beendet ist. Für diese Teilprozesse werden dann die Nahtstellenvereinbarungen neu gestaltet. Diesmal ist besonders darauf zu achten, dass die Zeiten festgelegt werden, zu denen die Informationen übergeben werden sollen. Sind die ersten Teilprozesse parallelisiert, wird der bestehende Prozess so umgeändert, dass eine Parallelbearbeitung auch bei anderen Teilprozessen möglich wird. Diese Aufgabe erfordert zumeist mehrere Sitzungen und kann immer wieder auf verschiedene Teilprozesse angewendet werden.

 Achten Sie darauf, dass durch die Parallelisierung auch wirklich eine Verkürzung der gesamten Durchlaufzeit entsteht. Wenn Sie beispielsweise das Erstellen von zwei Formularen parallel ausführen, die an anderer Stelle sowieso mehrere Tage herumliegen, ist in der gesamten Durchlaufzeit nichts gewonnen.

Es kann sein, dass diese Regel zu komplex für das Prozessteam wird und durch bloßes Verändern des bestehenden Prozesses nicht durchgeführt werden kann. In diesem Fall muss der Prozess insgesamt neu geplant werden. Dazu führen Sie am besten ein Projekt durch, an dem ausgewählte Mitarbeiter des Prozesses und weitere Planungsexperten teilnehmen. Die Projektteilnehmer werden für einen gewissen Zeitraum vollständig von der Arbeit freigestellt, so lange, bis der Prozess geplant, genehmigt und umgesetzt ist. Lassen Sie den Steuerkreis über solche Maßnahmen entscheiden.

### 6.2.5 Regel 5: Prozessvarianten bilden!

Häufig wird bei der Planung des Prozessablaufes der Fehler gemacht, den Prozess für alle nur erdenklichen Situationen schaffen zu wollen. Es ist jedoch meist nicht sinnvoll, den Prozess so komplex zu gestalten, dass jede Ausnahme ohne Problem bearbeitet werden kann. Besser ist es, verschiedene Ablaufvarianten zu schaffen. Für die meisten Bearbeitungsfälle ist ein einfacher Prozessablauf vollkommen ausreichend. Nur für wenige besondere Bearbeitungsfälle kommt dann eine umfassendere Prozessvariante mit spezialisierten Bearbeitern zum Einsatz.

Als Beispiel kann hier der Beschaffungsprozess dienen. Für geringwertige Materialien wird eine einfache Variante eingesetzt. Hier wird ein Lieferant genommen, von dem bereits zuvor Material beschafft wurde. Bei höherwertigen Beschaffungen wird in einer anderen Prozessvariante eine Ausschreibung durchgeführt. Darüber hinaus werden mindestens drei Angebote eingeholt und verglichen und letztlich der Lieferant auditiert. Des Weiteren ist eine Freigabe aus der Investitionsabteilung nötig.

In einer Bank kann es mehrere Varianten bei der Kreditvergabe geben. Bei der einfachen Variante für Kleinkredite wird keine Sicherheitsprüfung durchgeführt, und jeder Kreditsachbearbeiter ist befugt, diesen Kredit zu vergeben. Bei der zweiten Variante geht es um große Kreditrahmen. Hier wird eine umfangreiche Prüfung der Sicherheiten vorgenommen, und nur einige Spezialisten sind befugt, solche Kredite zu vergeben. Zur Anwendung dieser Regel werden zunächst alle Prozessergebnisse untersucht, ob sie in verschiedenen Varianten vorkommen. Sollte dies der Fall sein, wird für die einfachen Fälle eine vereinfachte Prozessvariante geplant.

 Planen Sie mehrere verschiedene Prozessvarianten für die unterschiedlichen Bearbeitungsfälle. Lassen Sie dabei Ihrer Kreativität freien Lauf, und achten Sie nicht sofort auf die Umsetzbarkeit. Gerade durch das gedankliche Experimentieren entstehen oft interessante Varianten. Erst hinterher sollten Sie die Umsetzbarkeit überprüfen.

### 6.2.6 Regel 6: Arbeitsbedingungen verbessern!

Jeder Mitarbeiter ist in seinem privaten Umfeld bestrebt, die Bedingungen an seine Bedürfnisse anzupassen. Diesem einfachen Grundsatz wird jedoch oft in den Unternehmen keine Beachtung geschenkt. Anforderungen an die ergonomische Gestaltung des Arbeitsplatzes und der generellen Arbeitssicherheit werden zum Teil missachtet, was eine demotivierende Wirkung und einen höheren Krankenstand zur Folge haben kann.

Kann ein Mitarbeiter an der Gestaltung seines eigenen Arbeitsplatzes mitwirken, erhöht das die positive Einstellung gegenüber den Veränderungen, die das Prozessmanagement mit sich bringt. Darüber hinaus können die Arbeitsplatz-veränderungen zumeist mit sehr einfachen Mitteln realisiert werden.

 Hierbei handelt es sich um eine Einstiegsregel in das Prozessmanagement, da die Mitarbeiter sehr schnell bereit sind, solche Änderungen vorzuneh-men. Nutzen Sie den Workshop zu dieser Regel, um einmal wieder aufzuräumen und die Ablage zu sortieren. Dies ist immer ein guter Anfang, um dann mit weiter reichenden Verbesserungen fortzufahren.

### Beispiele für Arbeitsbedingungen

- Ergonomie an Produktionsanlagen
- Ergonomie an Computerarbeitsplätzen
- Aufstellung der Möbel und Einrichtungen
- Pflanzen oder Bilder im Arbeitsbereich
- Pausenregelung
- Aufstellen einer Kaffeemaschine

 Strapazieren Sie diese Regel jedoch nicht zu sehr, und nutzen Sie die positive Stimmung, um zügig mit den anderen Regeln fortzufahren.

Zur Vorbereitung dieses Workshops kann es hilfreich sein, Richtlinien für die ergonomische Arbeitsplatzgestaltung zu sammeln. Der Betriebsrat kann hier oftmals weiterhelfen. In großen Betrieben existieren zumeist Fachleute, die sich mit solchen Fragen beschäftigen.

### 6.2.7 Regel 7: Bestände verringern!

Bestände existieren häufig als so genannte Angstbestände, die nur deshalb gehalten werden, weil irgendwann an irgendeiner Stelle etwas fehlen könnte. Diese Bestände verdecken unabgestimmte Kapazitäten und schlecht geplante Abläufe – mit anderen Worten, sie verdecken Probleme in den Prozessen. Doch wenn diese Missstände behoben sind, können auch die Bestände abgesenkt werden.

Bestände führen zu einer Bindung von Kapital in nicht unerheblichem Umfang, was dann an anderer Stelle für wichtige Investitionen fehlt. Außerdem führen die langen Warteschlangen, die sich häufig an den Maschinen bilden, und die Aktenstapel, die sich in den Büros auftürmen, zu langen Durchlaufzeiten.

Zur Aufdeckung der Bestände wird das Flussdiagramm Schritt für Schritt durchgegangen. Alle Bestände, die dabei auffallen, werden aufgelistet.

 Gehen Sie bei Produktionsprozessen in die Werkhalle, und halten Sie dort im wahrsten Sinne des Wortes Ausschau nach Beständen.

Die ausfindig gemachten Bestände können jedoch nicht einfach abgesenkt werden. In den meisten Fällen müssen erst die Ursachen ermittelt werden, die zu den Beständen führten. Wenn dann die Ursachen abgestellt werden, führt dies automatisch zu einer Verringerung der Bestände. Wird angeordnet, dass die Bestände abgesenkt werden müssen, so kann dadurch ein Druck erzeugt werden, der die Ursachenanalyse unterstützt.

## Ursachen für hohe Bestände

- Aufträge werden gesammelt
- Mitarbeiter haben viele Nebenaufgaben
- Kauf großer Mengen Materials
- Ineffiziente Auftragsverteilung
- Unabgestimmte Kapazitäten
- Stillstandzeiten der EDV
- Stillstandzeiten der Produktionsanlagen
- Ständige Eilaufträge

### 6.2.8 Regel 8: Unnötige Transporte vermeiden!

Generell führt jeder Transport von einzelnen Aufträgen oder Materialien zu längeren Durchlaufzeiten, da es sich bei den Transporten um separate Vorgänge handelt. Hier gilt es, den Prozess so weit zu optimieren, dass einzelne Transporte durch die geschickte Planung oder Änderung des Layouts wegfallen können oder aber die Wege minimiert werden. Ein einfaches Beispiel soll dieses veranschaulichen.

Häufig sind die verschiedenen Maschinen, die zur Herstellung eines Produktes benötigt werden, in einer Reihe aufgestellt, wie es im Bild gezeigt ist.

In diesem Fall finden Stationswechsel zwischen nicht aufeinander folgenden Maschinen statt, wie zum Beispiel im Bild von I nach IV, von V nach III sowie von III nach I. Aus diesem Grund müssen ständig lange Transportwege zurückgelegt werden.

Um einen Austausch an Material und Informationen zwischen den verschiedenen Maschinen zu optimieren, bietet sich ein u-förmiges Layout an.

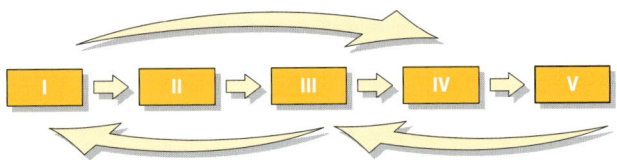

**Bild 22:** *Reihenlayout*

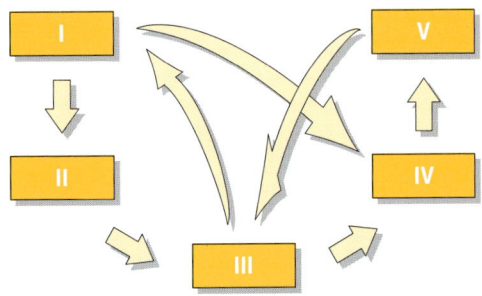

**Bild 23:** *U-Layout*

Bei dieser Variante verkürzen sich die Transportwege. Außerdem können sich die Maschinenbediener gegenseitig beobachten, was die Abstimmung der einzelnen Tätigkeiten erleichtert, oder mehrere Maschinen können wegen der kurzen Wege von einem Bediener versorgt werden.

Eine weitere Möglichkeit, Transporte zu reduzieren, besteht in der Vermeidung der Zwischenlagerung. Das Material soll möglichst auf direktem Weg an die nächste Bearbeitungsstation gebracht werden, ohne die Notwendigkeit einer Zwischenlagerung.

Im Verwaltungsbereich können Transporte reduziert werden, wenn die Büros, die an einem Prozess beteiligt sind, in unmittelbarer Nähe zueinander eingerichtet werden. In

Großraumbüros kann einem Prozess eine bestimmte Etage oder Zone zugeordnet werden.

Für die Analyse der Transporte innerhalb eines Prozesses kann wiederum das Flussdiagramm herangezogen werden. Die Transporte verbergen sich hinter den Pfeilen, die als Verbindung der einzelnen Tätigkeiten eingezeichnet wurden. An diese Pfeile werden nun Transportzeit und Häufigkeit der Transporte innerhalb einer bestimmten Periode von z. B. einer Woche eingetragen.

Die Multiplikation dieser beiden Werte ergibt nun die gesamte Transportzeit innerhalb dieser Woche. Dort, wo sich die längste Zeit ergibt, wird mit der Verbesserung begonnen. Zunächst werden die Gründe analysiert, die für die Transporte verantwortlich sind, und dann werden Verbesserungsmaßnahmen geplant.

## Ursachen für unnötige Transporte

- Zu viele Bearbeitungsschritte
- Formular statt Online-Info
- Ungünstiges Layout
- Büros liegen zu weit auseinander
- Transport in Zwischenlager

 Fallen für den Transport besondere Kosten an, so berücksichtigen Sie außerdem diese zusätzlichen Transportkosten in der gleichen Weise wie die zusätzlich beanspruchte Zeit. Dies ist immer dann der Fall, wenn spezielle Fuhrunternehmen oder spezielle Transportmittel eingesetzt werden.

### 6.2.9 Regel 9: Durchlaufzeiten verkürzen!

Lange Durchlaufzeiten führen dazu, dass der Kunde Wartezeiten in Kauf nehmen muss. Außerdem ergibt sich eine hohe Kapitalbindung, und es kommt zu Schwierigkeiten, gesetzte Termine einzuhalten. Unter der Durchlaufzeit wird die Summe aus Ausführzeit, Rüstzeit, Transportzeit und Wartezeit verstanden.

Um die Durchlaufzeit verringern zu können, ist es notwendig, diese erst einmal zu ermitteln. Das geschieht am besten, indem alle Formulare und Unterlagen eines bestimmten Auftrags gesammelt werden. Mit diesen Unterlagen können alle Tätigkeiten von Station zu Station nachvollzogen werden. Anhand der Vermerke über das Datum des Posteingangs oder der Bearbeitung kann nachvollzogen werden, wann ein bestimmter Auftrag an welcher Stelle bearbeitet wurde.

Eine andere Möglichkeit besteht darin, einen aktuellen Auftrag zu verfolgen. Zunächst wird der Tag oder die Stunde der Auftragserteilung notiert. Dann wird bei der letzten Tätigkeit des Prozesses gewartet, bis dieser Auftrag erledigt ist.

Ist die Durchlaufzeit des konkreten Prozesses ermittelt, so werden als Nächstes alle Ursachen aufgelistet, die auf die Länge der Durchlaufzeit einwirken. Im Folgenden sind mögliche Ursachen für lange Durchlaufzeiten aufgezählt.

## Ursachen für lange Durchlaufzeiten

- Nicht abgestimmte Kapazitäten
- Ungeplante Tätigkeiten
- Zu hohe Arbeitsteilung
- Lange Rüstzeiten

- Zu große Einzelaufträge
- Lange Schlangen vor den Maschinen
- Stapel von unbearbeiteten Formularen und Vorgängen auf dem Schreibtisch
- Eilaufträge, die zwischengeschoben werden

Wenn die Ursachen bekannt sind, die in dem konkreten Prozess wirken, können Änderungen geplant werden. Ein Prozess lässt sich auf einfache Weise verkürzen, wenn zum Beispiel innerbetriebliche Informationen nicht per Formular und Hauspost weitergegeben, sondern stattdessen per E-Mail verschickt werden.

Rüstzeiten lassen sich häufig verkürzen, wenn der Rüstvorgang sorgfältig vorbereitet wird. Bei jedem Rüstvorgang gibt es Tätigkeiten, die bei Maschinenstillstand ausgeführt werden müssen, und andere, die auch während der Laufzeit vollzogen werden können. Letztere können bereits vor dem Auftragswechsel durchgeführt werden.

Sind beispielsweise Justierarbeiten am Werkstück durchzuführen, so ist es möglich, diese bereits vorher auf einem Werkstückträger durchzuführen, während die Maschine noch mit dem vorherigen Werkstück läuft. Beim Übergang zum nächsten Werkstück brauchen dann nur noch die Werkstückträger gewechselt zu werden.

 Diese Regel ist sehr umfassend und überschneidet sich mit den Regeln 4, 7 und 8. Wenden Sie erst die drei anderen Regeln an, bevor Sie sich dieser zuwenden.

### 6.2.10 Regel 10: Betriebsmittelverfügbarkeit erhöhen!

Da die Betriebsmittel große Mengen an Kapital binden, kommt der Ausnutzung der vorhandenen Anlagen und Einrichtungen eine besondere Bedeutung zu. In folgender Liste werden Beispiele für eine schlechte Nutzung aufgezeigt.

---

### Beispiele einer schlechten Nutzung

- Leerlauf auf Grund schlechter Ablaufplanung
- Ungünstiges Fertigungsverfahren
- Ungünstige Datenverarbeitungsanlagen
- Ungeeignete EDV-Programme
- Vielfacheingaben der Daten
- Zugriff auf benötigte Daten nicht möglich
- Mangelhaft ausgebildete Bediener
- Ungünstig eingestellte Parameter
- Stillstandzeiten von Maschinen
- Stillstandzeiten von EDV-Anlagen
- Suche nach Unterlagen oder Hilfsmitteln

---

Bei allen Fertigungsverfahren soll überprüft werden, ob sie für die Produkte angemessen und ob die richtigen Maschinenparameter eingestellt sind. Ähnlich wird bei EDV-Anlagen vorgegangen.

Hier ist sicherzustellen, dass die richtigen Programme für die verschiedenen Bearbeitungsfälle verwendet werden und dass die Programmoptionen richtig eingestellt wurden. Wenn Computernetze vorhanden sind, ist auch hier eine Überprüfung vorzunehmen.

Eine schlechte Nutzung kann sich aber auch ergeben, wenn versäumt wurde, die Anlagenbediener ausreichend und zusätzlich zu qualifizieren. In diesem Fall müssen Schulungsmaßnahmen durchgeführt werden.

Ein weiterer Grund für die schlechte Ausnutzung ist der Anlagenstillstand. Häufig kommt es dazu, weil Wartungs- oder Instandhaltungsaufgaben durchgeführt werden oder weil die Bediener gerade auf Instandhaltungspersonal warten.

Solche Wartezeiten können vermieden werden, indem die Maschinenbediener oder EDV-Anwender in leichte Instandhaltungsaufgaben eingewiesen werden und eine Wartung regelmäßig selbst vornehmen.

Werden solche Maßnahmen in einem umfassenden Programm durchgeführt, so wird dies als Total Productive Maintenance bezeichnet (siehe Al-Radhi, M./Heuer, J.: Total Productive Maintenance, München 1995). Dabei ist die Kennzahl „Gesamtanlageneffektivität" besonders wichtig. Sie gibt das Verhältnis von genutzter Kapazität zur Gesamtkapazität an.

Schlechte Nutzung führt dazu, dass der Prozess weniger Ergebnisse erzeugt, als möglich wären. Anders ausgedrückt bedeutet dies, dass mehr Investitionen für Betriebsmittel getätigt werden müssen als erforderlich. Um die Ausnutzung im konkreten Fall zu verbessern, erstellt das Prozessteam eine Liste aller Betriebsmittel, die im Prozess benutzt werden. Zu jedem Betriebsmittel werden Beispiele für schlechte Nutzung gesammelt. Bei dem Betriebsmittel mit den meisten Beispielen wird mit der Verbesserung begonnen.

Wenden Sie diese Regel in etwas abgeänderter Weise an, um eine schlechte Nutzung von Büroräumen oder Werkhallen zu verbessern.

## 6.3 Schritt 13: Problemursachen analysieren

**Worum geht es?**

Beim Durcharbeiten der Regeln der ständigen Verbesserung wurden die verschiedensten Probleme deutlich. In einigen Fällen lassen sich aus ihnen ohne größere Schwierigkeiten die erforderlichen Verbesserungsmaßnahmen ableiten. Oftmals ist dies jedoch wegen der Komplexität des Problems nicht ohne weiteres möglich. Erst wenn die Ursachen bekannt sind, die das Problem hervorrufen, können Aktionen geplant werden.

Bei der Analyse der Ursachen hilft ein Diagramm, wie es im nachfolgenden Bild gezeigt wird. In diesem Diagramm werden alle Ursachen gesammelt und den Hauptgruppen Mensch, Methode, Material und Maschine zugeordnet. In einer erweiterten Form können auch die Hauptgruppen Messmittel und Umfeld (Milieu) herangezogen werden. Das Beispiel verdeutlicht die Ursache-Wirkungs-Zusammenhänge für schlechte Kopierqualität.

**Was bringt es?**

Die systematische Vorgehensweise fördert die Konzentration auf das Problem und die Kommunikation zwischen den Teammitgliedern. Dies führt dazu, dass nicht nur die Symptome behandelt, sondern die Ursachen für ein Problem beseitigt werden. Auf diese Weise kann sichergestellt werden, dass das Problem nicht wieder auftritt.

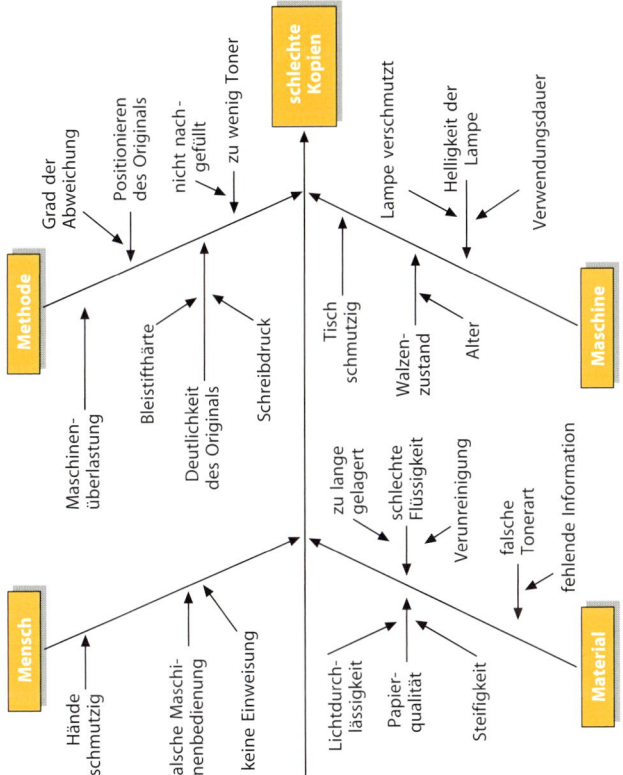

**Bild 24:** *Ursache-Wirkungs-Diagramm*

*(Aus Pocket Power „Qualitätstechniken")*

### Wie gehe ich vor?

Um das Problem für alle Mitglieder des Prozessteams verständlich zu machen, wird eine kurze Beschreibung vorgenommen. Diese kann Informationen über den Inhalt, die Zeit, den Ort und das Ausmaß des Problems enthalten. Die Problembeschreibung wird allen Teammitgliedern zugänglich gemacht.

 Die Problembeschreibung ist besonders wichtig, wenn Sie Gäste aus anderen Prozessen mit zu Ihrem Workshop einladen. Geben Sie Ihren Gästen von Anfang an alle nötigen Informationen, damit sie sofort zur Problemlösung beitragen können.

Es wird nun überlegt, welche Ursachen auf das Problem einwirken. Die Ursachen werden den Kategorien Mensch, Maschine, Material und Methode bzw. Messmittel und Milieu zugeordnet. In den meisten Fällen sind die so gefundenen Ursachen aber nicht die endgültige Erklärung des Problems, sondern es gibt weitere Ursachen, die auf die bereits gefundenen wirken.

Diese sekundären Ursachen werden dann ebenfalls in das Diagramm eingetragen usw. Wie das Bild zeigt, ergibt sich daraus ein Fischgrätenmuster. Aus diesem Grund wird das Diagramm auch häufig als Fischgrätendiagramm oder, nach seinem Erfinder, Ishikawa-Diagramm bezeichnet.

 Benutzen Sie ein großes Stück Packpapier auf einer Pinnwand. Auf diese Weise erhalten Sie ein Diagramm ausreichender Größe, an dem alle Teammitglieder arbeiten können. Verwenden Sie Pappkarten, um die Ursachen darauf zu notieren. Dadurch wird es möglich, sie auf verschiedene Positionen zu schieben.

Sind nun alle möglichen Problemursachen in das Diagramm eingetragen, kann mit der Bewertung begonnen werden. Zumeist haben zwei oder drei der aufgelisteten Ursachen den Haupteinfluss auf das Problem. Einige der aufgelisteten Ursachen werden nur einen geringen oder überhaupt keinen Einfluss haben.

Es gilt nun, die Hauptursachen herauszufinden. Jedes Teammitglied bewertet dazu die einzelnen Ursachen nach seiner Einschätzung. Dazu bekommt jeder drei Klebepunkte, die er in das Diagramm klebt. Diejenige Ursache, die am meisten Klebepunkte erhält, wird als erste überprüft.

Bei einigen Problemen reicht eine einfache Diskussion aus. Bei anderen müssen kleine Versuche durchgeführt werden. In dem Beispiel wird die Papierqualität als Ursache für eine schlechte Kopie verantwortlich gemacht. Ein Versuch würde in diesem Fall bedeuten, verschiedene Sorten Papier zu beschaffen und diese alle auszuprobieren. Hat das Team Einigkeit über die Ursachen erlangt, können Gegenmaßnahmen geplant werden.

## 6.4 Schritt 14: Aktionsplan erarbeiten

### WORUM GEHT ES?

Nachdem in den Workshops Maßnahmen zur Verbesserung des Prozesses erarbeitet und die Ursachen des Problems mit Hilfe des Ursachen-Wirkungs-Diagramms analysiert wurden, gilt es nun, einen Aktionsplan für die

Durchsetzung der Maßnahmen zu erstellen. Es wird genau festgehalten, welcher Mitarbeiter für welche Maßnahmen die Verantwortung trägt. Des Weiteren werden Termine festgelegt, zu denen die Umsetzung erfolgt sein soll.

### WAS BRINGT ES?

Durch das systematische Verteilen der Aufgaben an einzelne Teammitglieder wird gewährleistet, dass jeder den gleichen Arbeitsaufwand investiert. Durch das Zuordnen der Verantwortlichkeiten werden Streitigkeiten darüber vermieden, wer für welche Aufgabe zuständig ist. Das Festlegen der Termine ermöglicht es, jederzeit zu überprüfen, wie weit die Umsetzung vorangeschritten ist.

### WIE GEHE ICH VOR?

Der Aktionsplan wird in Tabellenform angelegt. In der ersten Spalte werden die umzusetzenden Verbesserungsmaßnahmen aufgelistet und, wenn notwendig, näher erläutert. In der zweiten Spalte werden verantwortliche Mitarbeiter den Maßnahmen zugeordnet. In der dritten Spalte werden die Termine festgehalten, bis zu denen die Maßnahmen umgesetzt werden sollen. In der letzten Spalte wird der Stand der Umsetzung eingetragen.

Ein ungefüllter Kreis bedeutet, dass die Maßnahme begonnen wurde. Je weiter die Umsetzung fortschreitet, desto mehr wird der Kreis ausgefüllt. Ein gefüllter Kreis bedeutet, die Maßnahme ist abgeschlossen. Auf diese Weise lässt sich auf einen Blick erkennen, wie weit die Umsetzung fortgeschritten ist.

| Aktionsplan | | | |
|---|---|---|---|
| **Was** | **Wer** | **Termin** | **2001** |
| neues Formular erstellen und drucken lassen | Da | 40. KW | ○ |
| Daten in Datenbank eingeben | Fü | 40. KW | ○ |
| Ordner neu sortieren | St | 39. KW | ◔ |
| neue Lieferanten- nummern vergeben | Sch | 38. KW | ● |
| Verfahrensanweisung schreiben | Ma | 37. KW | ◑ |
| alte Unterlagen aussortieren | Mo | 36. KW | ● |
| EDV beschaffen und einrichten | Hu | 35. KW | ● |
| ... | | | |

**Bild 25:** *Aktionsplan*

Die Aktionspläne sollten gut sichtbar ausgehängt werden. Richten Sie dazu eine Informationswand für jeden Prozess ein. An dieser können zusätzlich das Flussdiagramm und die Trendkarten hängen. Fort-

schritte in den Aktionsplänen und Entwicklungen der Trendkarten können dann jeweils von den entsprechenden Mitarbeitern aktualisiert werden.

Bei der Terminüberwachung von Maßnahmen, die sich
über einen langen Zeitraum erstrecken, sollten so genannte
Meilensteine vereinbart werden, bis zu denen ein bestimmter Umsetzungsstand erreicht werden soll. Ist das Prozessteam an einem Meilenstein angelangt, findet eine Präsentation vor dem Steuerkreis statt. Dabei wird noch einmal das
Vorgehen bei der Verbesserung dargestellt und ein Ausblick
auf die weitere Vorgehensweise gegeben.

Der Steuerkreis sollte immer wieder versuchen, einen Einblick in die Arbeiten der Prozessteams zu
bekommen. Dazu fordert er die entsprechenden
Prozessbesitzer oder Teammitglieder auf, die bisher erreichten Ergebnisse vorzustellen. Für diese Präsentation können
die Unterlagen benutzt werden, die im Laufe des Prozessmanagements erstellt werden. Insbesondere sind die Nahtstellenvereinbarungen, die Trendkarten und die Aktionspläne zu nennen.

## 6.5 Schritt 15: Prozesse auditieren

**WORUM GEHT ES?**

Um die Übereinstimmung der tatsächlich im Unternehmen ablaufenden Prozesse mit den Vorgaben des Prozessmanagements zu gewährleisten, sollte einerseits eine regelmäßige Überprüfung stattfinden. Auf der anderen Seite müssen die Prozessbeschreibungen angepasst werden, sobald Veränderungen im Prozess vorgenommen wurden.

**WAS BRINGT ES?**

Dieses Vorgehen stabilisiert die Maßnahmen der ständigen Verbesserung. Es stellt sicher, dass die Prozessleistungen nach der Anwendung der Verbesserungsregeln nicht wieder absinken. Es hat sich gezeigt, dass die Prozessleistungen ohne solche Stabilisierung oft wieder auf ihr ursprüngliches Niveau oder sogar tiefer absacken.

**WIE GEHE ICH VOR?**

Um die oben beschriebene Überprüfung vorzunehmen, bietet sich die Vorgehensweise des Audits an. Hierbei stellt der so genannte Auditor anhand einer Fragenliste fest, ob die organisatorischen Regelungen den Vorgaben entsprechen und angemessen sind. Solche Audits sind durch die Einführung von Qualitätsmanagement-Systemen (QMS) nach DIN EN ISO 9001 bekannt. Insbesondere durch die verstärkte Prozessorientierung seit der letzten Normenrevision im Jahr 2000 ist der Zusammenhang zwischen Prozessmanagement und Qualitätsmanagementsystem offensichtlich.

Die einzelnen Fragen werden mit Punkten bewertet. Dabei bedeuten zehn Punkte, dass die beobachteten Abläufe den Vorgaben des Prozessmanagements entsprechen. Acht Punkte werden vergeben, wenn die Abläufe ihnen bis auf geringe Abweichungen entsprechen. Werden größere Abweichungen festgestellt, so entspricht dies einer Bewertung mit sechs Punkten. Vier Punkte werden vergeben, wenn die Abläufe erhebliche Mängel aufweisen, so dass die Wirksamkeit der Regelungen nicht gewährleistet ist. Wenn die Vorgaben des Prozessmanagements überhaupt nicht berücksichtigt wurden, so führt dies zu einer Bewertung mit Null Punkten. Zwei Punkte oder Zwischenpunkte werden nicht vergeben. Der Abstand dient dazu, die unterschiedliche Gewichtung in den Abweichungen deutlicher hervor zu heben.

 Ergänzen Sie den Standardfragebogen für QMS-Audits um spezifische Fragen aus dem Prozessmanagement. Auf diese Weise können Sie die Durchführung von zwei separaten Audits vermeiden.

Der Auditor sollte dabei einige Mindestqualifikationen erfüllen. Er sollte über Auditerfahrung verfügen. Ideal sind Auditoren, die bereits mit der Durchführung von QMS-Audits vertraut sind. Außerdem sollten ausreichende Kenntnisse über die auditierten Prozesse und die Vorgehensweisen des Prozessmanagements vorliegen. Die folgende Tabelle zeigt eine beispielhafte Fragenliste.

| Nr. | Frage | Protokoll | Pkt. |
|---|---|---|---|
| **1.** | **Prozessarbeit vorbereiten** | | |
| 1.1 | Sind die Teilnehmer des Steuerkreises festgelegt und wird er in festgelegten Abständen einberufen? | | |
| 1.2 | Hat der Steuerkreis Ziele für die Einführung des Prozessmanagements und die Phase der ständigen Verbesserung festgelegt? | | |
| 1.3 | Sind die Schlüsselprozesse festgelegt? | | |
| 1.4 | Sind für alle Prozesse die Prozessbesitzer ernannt? | | |
| 1.5 | Hat der Prozessbesitzer ein Prozessteam einberufen? | | |
| 1.6 | Finden regelmäßige Treffen des Prozessteams statt? | | |

| Nr. | Frage | Protokoll | Pkt. |
|---|---|---|---|
| **2.** | **Prozesse beschreiben** | | |
| 2.1 | Hat das Prozessteam die internen und externen Kunden des Prozesses identifiziert? | | |
| 2.2 | Wurden die Prozessergebnisse bestimmt und durch die Prozesskunden verifiziert? | | |
| 2.3 | Liegt ein Flussdiagramm und eine Prozessbeschreibung vor? | | |
| 2.4 | Wurde in der Prozessbeschreibung auf weitere, relevante Dokumente verwiesen? | | |
| 2.5 | Sind die Lieferanten des Prozesses identifiziert? | | |
| 2.6 | Wurden die Eingaben in die Prozesses festgelegt? | | |
| 2.7 | Wurden die Eingaben mit den Lieferanten abgestimmt? | | |

| Nr. | Frage | Protokoll | Pkt. |
|---|---|---|---|
| **3.** | **Prozesse strukturieren** | | |
| 3.1 | Hat das Prozessteam mit den Prozesskunden überprüft, ob alle notwendigen Ergebnisse erbracht werden bzw. ob die erbrachten Ergebnisse notwendig sind? | | |
| 3.2 | Wurden alle Tätigkeiten des Prozesses auf ihre Wertschöpfung hin überprüft? | | |
| 3.3 | Wurden nicht wertschöpfende Tätigkeiten eliminiert? | | |
| 3.4 | Gibt es Nahtstellenvereinbarungen an den Stellen, an dem der Prozess die Abteilungen wechselt? | | |

| Nr. | Frage | Protokoll | Pkt. |
|-----|-------|-----------|------|
| **4.** | **Prozesse lenken und ständig verbessern** | | |
| 4.1 | Wurden Prozessziele und Kennzahlen zur Messung der Zielerreichung festgelegt? | | |
| 4.2 | Ist festgelegt, wer für die Messung der Ziele verantwortlich ist? | | |
| 4.3 | Wird die Trendentwicklung der Kennzahlen in Trendkarten verfolgt und analysiert? | | |
| 4.4 | Sollten die Ziele nicht erreicht sein: Wurden Korrekturmaßnahmen festgelegt? | | |
| 4.5 | Wurden Verbesserungspotenziale analysiert? | | |
| 4.6 | Sind Maßnahmen, Verantwortlichkeiten und Termine für gefundene Verbesserungsmöglichkeiten festgelegt? | | |
| 4.7 | Wurden Ursachen für im Prozess auftauchende Probleme analysiert und Abstellmaßnahmen festgelegt? | | |
| 4.8 | Wurde der Prozess regelmäßig auditiert? | | |
| 4.9 | Sind die gefundenen Abweichungen beseitigt? | | |

# Literatur

Alle Pocket-Power-Bände, siehe hintere innere Umschlagseite.

*Al-Radhi, M./Heuer, J.:* Total Productive Maintenance, München 1995.

*Camp, R. C.:* Benchmarking, München 1994.

*Davenport, T. H.:* Process Innovation: Reengineering Work through Information Technology, Boston 1993.

*Deming, W. E.:* Quality, Productivity and Competitive Position, Cambridge 1982.

*European Organisation for Quality Management (EFQM) (Hrsg.):* Selbstbewertung: Richtlinien für Unternehmen, Brüssel 2000

*Gaitanides, M./Scholz, R./Vrohlings, A. u. a.:* Prozessmanagement: Konzepte, Umsetzungen und Erfahrungen des Reengineering, München/Wien 1994.

*Gierhak, O.:* Integriertes Geschäftsmanagement, München 2000

*Hammer, M./Champy, J.:* Business Reengineering: Die Radikalkur für das Unternehmen, Frankfurt am Main 1994.

*Hammer, M.:* Das Prozessorientierte Unternehmen. Die Arbeitswelt nach dem Reengineering, München 1999.

*Harry, M./Schroeder R.:* Six Sigma, Frankfurt 2000.

*Imai, M.:* Kaizen: Der Schlüssel zum Erfolg der Japaner im Wettbewerb, 10. Auflage, Berlin 1993.

*Juran, J. M.:* Der neue Juran: Qualität von Anfang an, Landsberg/Lech 1993.

*Kamiske, G. F. (Hrsg.):* Unternehmenserfolg durch Excellence, München 2000.

*Kamiske, G. F. (Hrsg.):* Rentabel durch TQM, Berlin 1996.

*Kamiske, G. F./Brauer, J.:* Qualitätsmanagement von A–Z: Erläuterungen moderner Begriffe des Qualitätsmanagements, 3. Auflage, München 1999.

*Krummenacher, S.:* Prozessmanagement als Baustein von Total Quality Management, Aachen 1995.

*Nippa, M./Picot, A. (Hrsg.):* Prozessmanagement und Reengineering, Frankfurt 1995, S. 165–186.

*Ohno, T.:* Toyota Production System: Beyond Large-Scale Production, Cambridge 1988.

*Osterloh, M./Frost, J.:* Prozessmanagement als Kernkompetenz. Wie Sie Business Reengineering strategisch nutzen können, Wiesbaden 2000

*Tomys, A.-K.:* Kostenorientiertes Qualitätsmanagement, München 1995.

# QZ - Qualitätsmanagement hat ein Markenzeichen

*Deutschlands führende QM-Fachzeitschrift im Kurzporträt*

„Deutschland wird Servicewüste", „‚Made in Germany' verblasst", „Standort Deutschland verliert an Attraktivität" – vor dem Hintergrund solch alarmierender Statements ist Qualitätsmanagement weitgehend unauffällig ein Thema von volkswirtschaftlichem Rang geworden. Aus der fertigungsnahen Qualitätskontrolle von einst ist das umfassende Führungsmodell Total Quality Management (TQM) erwachsen, das über eine Vielzahl erprobter Techniken und individueller Konzepte verfügt. Weltweiter Wettbewerb, rasche Produktlebenszyklen und ein schwindender Shareholder Value zwingen Unternehmen zum Überdenken bisheriger Managementkonzepte – TQM bietet Orientierung und Perspektive in unruhigen Zeiten. Gleichzeitig finden heute die Methoden des Qualitätsmanagements über die produzierende Industrie hinaus Beachtung und werden von Dienstleistungsorganisationen ebenso wie im öffentlichen Verwaltungssektor angewandt.

## Wandel braucht Information

In diesem Umfeld wirtschaftlichen Wandels agiert die Fachzeitschrift „QZ – Qualität und Zuverlässigkeit" nunmehr im 47. Jahrgang als das führende Informationsmedium in Deutschland. Sie informiert branchenübergreifend in Exklusivbeiträgen über aktuelle Trends und Entwicklungen. Sie lässt Experten diskutieren und dokumentiert die fachöffentliche Meinungsbildung. Sie präsentiert authentische Konzepte und Maßnahmen erfolgreicher Unternehmen und Organisationen und unterstützt den Leser mit konkreten Handlungs- und Planungsgrundlagen von der Idee bis zur Realisierung. QZ-Autoren sind erfahrene Experten aus Industrie, Forschung und Beratung und gewährleisten Aktualität, Relevanz und Praxisnähe der Fachbeiträge. Topentscheider aus Wirtschaft, Politik und Verbänden liefern Statements. Ausgewählte Wirtschaftsmeldungen und Berichte über einschlägige Veranstaltungen und Auszeichnungen sowie Meldungen und Anzeigen über neue Geräte und Produkte, Dienstleistungen und Buchpublikationen runden das Informationsangebot ab.

Der Informationsbedarf ist hoch. Mit einer Jahresauflage von 240.000 und rund 1000 redaktionellen Seiten jährlich erreicht die QZ Monat für Monat Qualitätsmanager und -beauftragte, Leiter der Qualitätssicherung sowie für Qualität verantwortliche Führungskräfte im mittleren und gehobenen Management von Konzernen und Mittelstand aller Branchen.

**Themenvielfalt und starke Partner**

Der ständige Themenpool umfasst im Ressort „Qualitätsmanagement" unter anderem Auditierung, Balanced Score Card, Benchmarking, Beschwerdemanagement, CAQ, Dokumentenmanagement, FMEA, Integriertes Management, KVP, Kunden-Lieferanten-Beziehungen, Kundenbefragung, Mitarbeiterzufriedenheit, Produkthaftung, Prozessmanagement, Qualitätsauszeichnungen, qualitätsbezogene Kosten, Qualitätscontrolling, Qualitätskennzahlen, QFD, Risikomanagement, Selbstbewertung, Six Sigma, Statistische Verfahren (SPC), TPM, TQM, Versuchsplanung, Wissensmanagement, Zertifizierung. Das Ressort „Messen und Prüfen" behandelt die Techniken fertigungsnaher Qualitätssicherung: Bildverarbeitung, optische Mess- und Prüftechnik, dimensionelles Messen, Form-/Oberflächenprüfung, Werkstoffprüfung, Prüfmittelmanagement, Kalibrierung, Messdatenerfassung und -verarbeitung sowie Mess- und Analysetechnik.

Seit 1976 ist die Zeitschrift in Händen des Carl Hanser Verlags, der sich inzwischen auch als führender Informationsdienstleister im Bereich Qualitätsmanagement einen Namen gemacht hat. Neben der erfolgreichen QZ verfügt der Verlag in diesem Themenfeld über das führende Fachbuchprogramm, die Internetplattform www.QM-InfoCenter.de sowie ein wachsendes Seminar- und Kongressangebot. Eine fruchtbare Kooperation verbindet die QZ mit dem Fach- und Berufsverband, der Deutschen Gesellschaft für Qualität e. V. (DGQ), Frankfurt/M., als deren Publikationsorgan sie auch auftritt. Weitere Partner sind die Initiative Ludwig-Erhard-Preis e. V. unter Leitung von Hans-Olaf Henkel, Qualitätspreise auf Länderebene und zahlreiche Forschungsinstitute. Herausgeber ist Prof. Dr.-Ing. Gerd F. Kamiske, der jüngst für seine hervorragenden Leistungen um das deutsche Qualitätsmanagement mit dem Bundesverdienstkreuz erster Klasse ausgezeichnet wurde.

### Aus der Praxis für die Praxis

Sind Sie neugierig auf die QZ geworden? Möchten Sie sie gerne kennen lernen? Oder würden Sie vielleicht selbst gerne publizieren? Für Ihre Fragen rund um die führende Fachzeitschrift für Qualitätsmanagement in Deutschland steht Ihnen die Redaktion gerne zur Verfügung: Redaktion QZ, Carl Hanser Verlag, Kolbergerstraße 22, 81679 München, Tel. 0 89 - 9 98 30 - 6 18, Fax -6 24, E-Mail qz@hanser.de, Internet: www.hanser.de/qz und www.qm-infocenter.de.

QZ-Chefredakteur
*Dr. Fritz Taucher*

# Prozessmanagement:
# Die praktische Umsetzung

Fischer / Scheibeler
**Handbuch Prozessmanagement**
680 Seiten. Mit CD.
ISBN 3-446-21925-0

Anhand von Beispielunternehmen wird gezeigt, was die
Erweiterung von ISO 9001 auf ISO 9004 bringen kann.
Die Maßnahmen und Methoden sind praxiserprobt.
Realisierbarkeit und Erfolg stehen im Vordergrund.

Auf CD-ROM: Prozessabläufe eines Musterunternehmens
in Excel, PowerPoint-Folien, Tools